Eine Nacht mit Lolita

J. R. R. Tolkien

T. E. Lawrence

T. S. Eliot

Salman Rushdie

Ernest Hemingway

Sylvia Plath

Oscar Wilde

Evelyn Waugh

James Joyce

J. D. Salinger

Vladimir Nabokov

D. H. Lawrence

Jack Kerouac

William Golding

J. K. Rowling

Das Buch

Bücher erzählen nicht nur großartige Geschichten, es lassen sich auch wunderbare Geschichten über Bücher erzählen. Das weiß niemand besser als Rick Gekoski, Buchhändler und Sammler aus Leidenschaft. Täglich begegnet er berühmten Autoren und großen Werken der Weltliteratur: Mit Graham Greene verbringt er zum Beispiel einen feuchtfröhlichen Abend im Londoner Ritz und ersteht am Ende dessen Erstausgabe von *Lolita*. An der Seite von Salman Rushdie muß er feststellen, daß er leider nicht zum Helden geboren wurde. Und der menschenscheue J. D. Salinger nötigt den notorischen Plauderer Gekoski auf seine ganz eigene Weise zur Diskretion.

Das Leben als Büchernarr und Raritätensammler bietet reichlich Stoff für Anekdoten, aber auch Anlaß, sich über literarische Vorlieben Gedanken zu machen. Beides bringt Gekoski meisterhaft zusammen, und so hat er einen sehr persönlichen Literaturkanon verfaßt, der Lust aufs Weiterlesen, Wiederlesen und Entdecken macht.

Der Autor

Der Amerikaner Rick Gekoski lebt seit den sechziger Jahren in England, wo er in Oxford in Englischer Literatur promovierte und viele Jahre an der University of Warwick unterrichtete. Heute widmet er sich dem Handel mit seltenen Büchern und Manuskripten, arbeitet außerdem als Verleger, Kritiker und Autor und war Jurymitglied des Man Booker Prize 2005. Das vorliegende Buch geht zurück auf Gekoskis erfolgreiche und vielgelobte BBC-Radioserie *Rare Books, Rare People*.

Rick Gekoski

Eine Nacht mit Lolita

Begegnungen mit Büchern und Menschen

Aus dem Englischen von
Rainer Moritz

List Taschenbuch

Besuchen Sie uns im Internet:
www.list-taschenbuch.de

Ungekürzte Ausgabe im List Taschenbuch
List ist ein Verlag der Ullstein Buchverlage GmbH, Berlin
1. Auflage Januar 2008
© für die deutsche Ausgabe Ullstein Buchverlage GmbH,
Berlin 2006/claassen Verlag
© Rick Gekoski 2004
Titel der englischen Originalausgabe: *Tolkien's Gown & Other
Stories of Great Authors and Rare Books* (Constable, London)
Die Originalausgabe sowie die vorliegende, leicht gekürzte
deutschsprachige Ausgabe basieren auf der BBC-Radio-4-Serie
Rare Books, Rare People (© BBC 1996)
Umschlaggestaltung: RME Roland Eschlbeck
und Kornelia Rumberg
Satz: LVD GmbH, Berlin
Gesetzt aus der Garamond
Papier: Munkenprint von Arctic Paper Munkedals AB,
Schweden
Druck und Bindearbeiten: Clausen & Bosse, Leck
Printed in Germany
ISBN 978-3-548-60774-0

Für Belinda

INHALT

Einführung

Zuerst sah ich sie bei einem Freund – es war Liebe auf den ersten Blick. Damals, 1969, war ich vierundzwanzig Jahre alt und brütete über meiner Doktorarbeit in Englischer Literatur. Es war eine aufregende Zeit, und ich fühlte mich auf doppelte Weise sehr empfänglich: für das Leben in Oxford und für die berauschende Atmosphäre der späten Sechziger. Doch der Augenblick meiner Verwandlung hatte nichts Psychedelisches an sich, er war ziemlich prosaisch. Im Bücherregal meines Freundes stand, wie ich bemerkte, inmitten der üblichen kunterbunten Mischung aus Lehrbüchern und abgegriffenen Taschenbüchern eine zwanzigbändige Ausgabe von Charles Dickens' Werken, gebunden in braunem Leinen.

Sie hatte einen unscheinbaren, düsteren und staubigen Einband, das war sofort zu erkennen. Ich habe keine Ahnung, warum sie mich so packte. Ich wuchs in einem Elternhaus mit Büchern auf, aber wir besaßen keine Werkausgaben. So eine Familie waren wir nicht. Büchereien haben Werkausgaben, nicht normale Leute. Und dort, in einem winzigen Wohnzimmer eines bescheidenen Appartements an der Iffley Road, gab es eine Dickens-Werkausgabe! Ich war beglückt, stand wie gebannt davor: Eine Welt voller Möglichkeiten öffnete sich vor mir. Wenn er Besitzer einer Dickens-Ausgabe sein konnte, dann ich auch. Und warum nicht Trollope? George Eliot? Swift? Johnson? Und wie großartig sie auf meinen

Regalbrettern aussähen, wie … kultiviert. Ich könnte mir eine *Bibliothek* aufbauen, und nicht nur eine willkürliche Ansammlung wenig aufsehenerregender Bücher. Und abends könnte ich in meiner Bibliothek sitzen, Pfeife rauchen und ein Gelehrter sein. Und ein Gentleman.

Sofort am nächsten Morgen machte ich mich zu unserer örtlichen Buchhandlung in der Cowley Road auf und wurde zu einem glücklichen Menschen. Sie hatten nicht nur eine zwanzigbändige Dickens-Ausgabe, sondern eine, die viel besser war als die meines Freundes: in ein erfreuliches Orange gebunden, mit großzügigen Goldprägungen. Ich kaufte sie für 10 Pfund (seine hatte nur 3 Pfund gekostet) und trug sie nach Hause, wo ich ihr in meinem Regal einen Ehrenplatz einräumte und sie in den nächsten Wochen begeistert bewunderte, obwohl ich mich nicht daran erinnern kann, einen der Bände aufgeschlagen, geschweige denn gelesen zu haben.

Aber ich hatte mich übel verkalkuliert. Weihnachten rückte näher, und ich beabsichtigte, meiner Freundin einen von diesen modischen bestickten afghanischen Mänteln zu kaufen, die eindeutig nach Yak rochen. Das einzige Problem lag darin, daß sie 30 Pfund kosteten – und damals lebte ich von 30 Pfund ganz bequem eine Woche lang. Und ich hatte mein Weihnachtsgeld für diesen Dickens draufgegeben. Meine Aspirationen, ein Gentleman zu werden, beiseite schiebend, trug ich die Bücher zu Blackwells Antiquariat und bot sie zum Verkauf an. Zu meinem Erstaunen boten sie mir 20 Pfund. Ich hatte meine Investition innerhalb weniger Wochen verdoppelt: Es war wie eine Offenbarung! Wenn einem das zufällig gelang, konnte man es gezielt sicher besser hinbekommen.

Im Laufe des folgenden Jahres versuchte ich es immer wieder. Ich kaufte obskure viktorianische Bücher mit Stahlstichen – »*Dafür* gibt es keinen Markt, mein Herr« – und Erstausgaben von Charles Lever, Radclyffe Hall und John Masefield: »Ganz aus der Mode, wie ich befürchte.« Schließlich stand ich komischerweise wirklich mit einer Art Bibliothek da: mit Büchern, die ich hoffnungsvoll erworben und verzweifelt behalten hatte.

Nach und nach lernte ich dazu. Ich nahm meinen Lehrauftrag in Englisch an der Universität von Warwick an und handelte weiter mit einzelnen Büchern, um mein mageres Gehalt aufzubessern. Ich war eine Art Schieber geworden – jemand, der Bücher kaufte und sie dem Handel weiterverkaufte. Das machte Spaß und hatte den angenehmen Nebeneffekt, daß dieses Hobby Geld einbrachte, nicht kostete. Mitte der 80er Jahre brachte mir das Bücherverkaufen einige tausend Pfund ein. Ein nützliches Zusatzeinkommen, obwohl sich davon kaum leben ließ. Aber ich war es müde, Vorlesungen zu halten, und die Beschränkungen und die Enge des universitären Lebens paßten mir nicht. Ermutigt durch meine Frau und Mrs. Thatcher – erstere gewährte mir ihre Unterstützung, letztere einen 27 000-Pfund-Abfindungsscheck –, gab ich die Stelle auf und beschloß, mich gänzlich darauf zu verlegen, mit seltenen Büchern zu handeln, spezialisiert auf Erstausgaben und Manuskripte des 20. Jahrhunderts. Als ich meinen (frühen) Ruhestand bekanntgab, schlich sich einer meiner Kollegen in mein Büro und bekannte, daß er meinen Rückzug aus dem Institut »sehr mutig« finde. Ich antwortete ihm, daß ich es – wenn ich an weitere fünfundzwanzig Jahre als Universitätsdozent dächte – mutig von ihm fände, im Amt zu bleiben. Darüber konnte er nicht lachen.

Zugegeben, es war ein Wagnis – wir hatten damals zwei kleine Kinder –, aber es klappte. Als mein eigener Chef, der umherzog und Bücher kaufte und verkaufte, war ich glücklicher. Im ersten Jahr verdiente ich das Doppelte meines früheren Universitätsgehalts und hatte hundertmal mehr Spaß.

Von Anfang an hatte ich Glück. Während die meisten auf seltene Bücher spezialisierten Händler einen großen Bestand meist von Titeln im Niedrigpreissegment erwerben, erkannte ich zu meiner eigenen Überraschung, daß meine Stärke darin lag, mit teuren Büchern zu handeln. Ich weiß nicht, weshalb das so ist, und auch nicht, warum ich oft sehen kann, daß ein mit hundert oder tausend Pfund bepreistes Buch *immer* noch zu niedrig angesetzt ist. Es hängt wohl davon ab, ob man Argumente für einen Mehrwert erkennt, und das hat mir über die Jahre den Zugang zu einer Reihe wundervoller Bücher erlaubt.

In meiner Arbeit habe ich mich darauf konzentriert, die besten Werke jener modernen Autoren zu erwerben, die ich tatsächlich kenne und über die ich früher unterrichtet habe: Schriftsteller wie Henry James, Conrad, T. S. Eliot, Joyce, Lawrence, Hemingway, Woolf, Beckett. Ungefähr einmal im Jahr gebe ich einen Katalog mit einigen wenigen netten Stücken, vielleicht einhundert an der Zahl, heraus und verkaufe am Ende das meiste davon – wenn auch langsamer, als man annehmen würde.

Eine angenehme Welt ist das, bevölkert von Charakteren aller Arten und Überzeugungen, die allein durch ihre

Leidenschaft für das Sammeln von Büchern vereint sind. Denn es gibt nichts Beruhigenderes und Verläßlicheres als ein Buch. Nicht in körperlicher Hinsicht, obschon Bücher dem Lauf der Zeit beträchtlich besser als Menschen widerstehen, sondern vielmehr emotional gesehen: Bücher sind eine gute Gesellschaft; ihre Anwesenheit erleuchtet einen Raum. Sie werden zu Fixsternen des eigenen Kosmos. Sie trösten, weil sie so dauerhaft sind. Im Gegensatz zu Menschen ändern sie sich nicht. Bei der ersten Lektüre mag ein Buch befriedigend oder enttäuschend, überraschend oder ärgerlich sein, mag Tränen oder Gelächter hervorrufen. Aber alles, was geschieht, ist unwiderruflich: Die kleine Nell wird immer sterben, James Bond wird nicht aufhören, die Mächte des Bösen zu besiegen, und Puhs Tatze wird immer im Honigtopf landen.

Wenn man älter wird und die Freude am Lesen mehr und mehr der Lust am Wiederlesen weicht, werden wir wieder wie die Kinder und erfreuen uns an der Beständigkeit des Vertrauten. Aber was mich in meinem Leben mit Büchern immer wieder besonders fasziniert, ist, wie leicht selbst die berühmtesten Bücher hätten anders werden können, als sie sind. Autoren schreiben ihre Texte zwanghaft um und sind sich nie sicher, wann ein Manuskript seine endgültige Form erlangt hat. Lektoren und Verleger, ja Freunde haben oft einen nicht zu bezeichnenden Einfluß auf die letzte Gestalt eines Textes. So ist ein publiziertes Buch häufig eine Gemeinschaftsanstrengung, die lediglich am Ende mit dem Namen des Autors versehen wird. Bücher haben Biographien, und es ist oftmals sehr lehrreich, ihre Entstehung und ihr Fortleben zu studieren.

Eine schwindelerregende Anzahl von Büchern ist veröffentlicht worden – in England sind es 110 000 pro Jahr –, und die meisten davon werden bald und zu Recht vergessen. Doch sehr, sehr wenige literarische Werke werden geliebt und gefeiert, beeinflussen andere Autoren, werden als Schul- und Universitätslektüre eingesetzt und in viele Sprachen übersetzt. Da viele solcher Bücher ursprünglich in kleiner Stückzahl erschienen sind, spüren Erstausgabensammler sie auf und wetteifern um die besten Exemplare. Unikate werden ausgegraben, mal in unberührtem Zustand, mal mit Widmungen oder Anmerkungen des Autors. Die Preise steigen.

Eine Nacht mit Lolita zeichnet die Publikationsgeschichte von fünfzehn bedeutenden Büchern der Moderne nach, Erstausgaben, nach denen sich Sammler die Finger lecken. Und an dieser Stelle verschränkt sich die Biographie des Buches mit derjenigen eines Raritätenhändlers. Denn jeder von uns, der das Vergnügen und das Privileg hat, mit großen Büchern zu handeln, weiß Geschichten zu erzählen: wo ein seltenes Buch auftauchte und wie und wo es schließlich landete. Und um wieviel Geld es ging – eine Sache, die die Leute immer spannend finden.

Dieses Buch nahm seinen Anfang als Serie im BBC-Rundfunkprogramm Radio 4, die *Seltene Bücher, seltene Menschen* hieß. Die meisten Kapitel wurden dort zuerst ausgestrahlt. Für die Buchpublikation wurden sie indes gründlich überarbeitet und neu gefaßt. Für fünfzehn Radiominuten sind 1400 Wörter erforderlich; folglich wurde jedes Stück erweitert. Ebenso wurde der Inhalt verändert. Die Radioserie basierte zu einem nicht geringen Teil auf Material des BBC-Schallarchivs: auf herrlichen Aufnahmen von Frieda Lawrence, die sich daran erinnert, wie schwierig ihr Mann war, oder von Evelyn Waugh, der Joyce als »Geschnatter« heruntermacht, mit einem harten »G«. Jeder liebt solche Schnipsel – stellen Sie sich Frieda Lawrences Stimme vor! –, und beim Rundfunk lernt man, solches Material eher um seiner selbst willen als zur Unterfütterung einer These zu verwenden. So erwies sich, als es darum ging, das Rundfunkskript in ein Leseformat zu bringen, eine Menge des Audiomaterials als unnötig und wurde, wie ich hoffe, durch eine aussagekräftigere Kommentierung ersetzt.

Ich entschuldige mich nicht dafür, *Eine Nacht mit Lolita* auf moderne Bücher (sofern es gestattet ist, *Das Bildnis des Dorian Gray* so einzustufen) zu beschränken. Es ist die Literatur des 20. Jahrhunderts, die ich unterrichtete, mit der ich handle und die ich liebe. In der Auswahl der Bücher steckt eine gewisse Willkür. Obwohl einige der klassischen Texte der Moderne vorkommen, fehlen viele andere. Meine Entscheidungen wurden von mehreren Faktoren bestimmt. Zuerst einmal interessiere ich mich für Bücher mit komplexen Biographien. Dann müssen sie einen hohen Wert auf dem Raritätenmarkt haben. Und schließlich kann ich in vielen Fällen aus der Perspektive des Händlers gute Geschichten über sie erzählen. Es hilft auch, wenn ich die Bücher mag, notwendig ist das aber nicht. Manchmal macht es Spaß, über ein Buch zu schreiben, das man nicht mag.

Ich habe die Kapitel in einer Weise angeordnet, die, hoffentlich, eine angenehme Lektüre bereitet – so wie es der Autor einer Lyrik- oder Kurzgeschichtensammlung täte. Das kann ins Schwarze treffen oder auch nicht, und falls ein Leser darin eine Methode entdecken sollte, wäre ich überrascht.

Rick Gekoski
(rick@gekoski.com)

LOLITA

∞

In meinem Katalog Nr. 10, der im Frühjahr 1988 herauskam, bot ich unter der Nummer 243 das folgende Buch an:

Nabokov, Vladimir: *Lolita*, London 1959. Englische Erstausgabe. Geschenk von Nabokov an seinen Cousin Peter de Peterson und dessen Frau, datiert auf den 6. November 1959, und mit einer für den Autor typischen kleinen Schmetterlingszeichnung unterhalb der Widmung.
£ 3250

Ein paar Wochen später erhielt ich einen Brief von Graham Greene, der selbst Buchsammler war und dem ich meine Kataloge regelmäßig zuschickte.

Lieber Herr Gekoski!
Wenn Ihr Exemplar von *Lolita,* das nicht einmal die allererste Ausgabe ist, 3250 Pfund wert ist, frage ich mich, wieviel die Pariser Originalausgabe mit einer Widmung an mich wert ist.
Mit freundlichen Grüßen
Graham Greene

Was für ein großartiges Buch! Ein Exemplar der Olympia-Press-Ausgabe mit einer Widmung Nabokovs für Graham

Greene! Das Buch ist ein Beispiel dafür, was Raritäten-
händler ein Widmungsexemplar nennen – ein Buch, das
der Autor jemandem von Bedeutung schenkte. In diesem
Fall war Greene nicht nur selbst wichtig, sondern er hatte
zudem eine entscheidende Rolle bei der Publikation von
Nabokovs Roman gespielt. Die Widmung für Greene er-
höhte den Wert des Buches ungemein – ein unsigniertes
Exemplar kostete damals ungefähr 200 Pfund.

Sofort schrieb ich, ähnlich knapp, zurück:

Lieber Herr Greene!
Mehr. Denken Sie daran, die Ausgabe zu verkaufen?
Mit freundlichen Grüßen
Rick Gekoski

In der (sehr) kurzen Korrespondenz, die sich anschloß,
erklärte Greene, daß er einen Verkauf erwäge, da er auch
die erste englische Ausgabe mit einer Widmung an ihn
besitze und nicht das Gefühl habe, beide zu benötigen.
Ich teilte ihm mit, daß ich gerne 4000 Pfund für die Pariser Ausgabe zahlen würde, und er sagte zu, sie bei seiner nächsten Reise nach England mitzubringen.

Es dauerte bis zum November, ehe das Treffen in seinem Zimmer im Ritz stattfand. Als er die Tür öffnete,
war ich von seiner Größe und der Ausdrucksstärke seiner kornblumenblauen Augen überrascht. Nach einem
schnellen Wodka legte er die *Lolita* vor: zwei schmale
dunkelgrüne Bände, die den Duft der Pariser fünfziger
Jahre verströmten. Die Widmung verschlug mir den
Atem: »Für Graham Greene von Vladimir Nabokov,
8. November 1959«, gefolgt von einer Zeichnung eines

großen grünen Schmetterlings, unter die Nabokov geschrieben hatte: »Grüner Schwalbenschwanz, in Hüfthöhe tanzend«.

»Das ist eine großartige Ausgabe«, sagte ich, »nahezu perfekt.«

Er hob die Augenbrauen ein klein wenig. Was war nicht in Ordnung?

»In einer perfekten Welt würde sie eine Widmung aus dem Erscheinungsjahr (also 1955) aufweisen, und es würde sich um die erste Auflage handeln, ohne einen Aufkleber mit dem neuen Preis auf der Rückseite.«

Er nickte. Er war bekannt dafür, daß er bibliographische Feinheiten schätzte.

»Aber sie ist wundervoll, wie für ein Museum geschaffen.«

»Schon in Ordnung«, sagte er.

»Ich gebe Ihnen 4 000 Pfund.«

»Sie verstehen mich nicht, Herr Gekoski. Nach dem, was Sie sagen, will ich weniger.«

»Im Gegenteil, Herr Greene, Sie verstehen mich nicht, ich denke nicht daran, weniger zu bezahlen.«

Einen Moment lang dachte er darüber nach.

»Nehmen Sie noch einen Wodka?« fragte er mich.

Den Großteil der nächsten Stunden verbrachten wir damit, über Conrad und Henry James zu reden. Er begann mich wohl ernst zu nehmen, als ich sagte, daß ich Henry James lustig fände und nicht verstehen könne, warum das niemand sonst so sehe.

Er stimmte mir von ganzem Herzen zu. Wir nahmen einen weiteren Wodka, in völliger literaturkritischer Harmonie.

»Ich spiele nicht in dieser Liga«, sagte Greene mit der Überzeugung eines Mannes, der viel nachgedacht und die Wahrheit erkannt hatte, ohne das zu bedauern. »Conrad und James sind Romanautoren der Güteklasse A. Ich bin B.« Wir nahmen einen letzten Wodka ihm zu Ehren: Güteklasse B war ziemlich anständig, fanden wir.

Er versprach, mit mir in Verbindung zu bleiben, eine – wie sich herausstellte – nicht nur höfliche Abschiedsfloskel. Ein paar Minuten später entließ mich ein zuvorkommender Portier auf den Piccadilly; ich hatte das *Lolita*-Exemplar fest im Griff und einen neuen Freund gewonnen.

Um neun Uhr früh am nächsten Morgen klingelte es an meiner Wohnungstür, und Elton Johns liebenswerter Texter Bernie Taupin mit seinem Pferdeschwanz schaute herein. Ob ich, fragte er vorsichtig – ich war im Bademantel und warf gerade ein paar Aspirintabletten ein – irgend etwas auf Lager hätte, das seine Frau ihm zu Weihnachten kaufen könnte?

Wie stark der Kater auch sein mag: Einen Bernie Taupin schickt man nicht fort, und seine Frau mit der Hand am Scheckheft noch weniger. Ja, sagte ich hastig, ich habe da gerade etwas ganz Hübsches gekauft …

Es war mehr als hübsch, es war unwiderstehlich: Bernie war sowohl ein Greene-Sammler als auch ein *Lolita*-Bewunderer. Kaum berührten seine Hände das Buch, war klar, daß sie es nicht mehr loslassen würden. Ich hatte einen Fehler gemacht und sah das sofort ein. Verkaufe nie ein großes Buch zu schnell; man braucht Zeit, um kleine Recherchen anzustellen, darüber nachzudenken und den Preis richtig anzusetzen.

»Wieviel?« fragte die begierige Frau T., die sah, wie die bibliophile Leidenschaft in den Augen ihres Mannes aufloderte.

»9000 Pfund«, sagte ich, in der Hoffnung, daß sie das abschrecken möge.

Sie zuckte nicht einmal mit der Wimper und fragte auch nicht nach Rabatt. Fünf Minuten später hatte ich einen Scheck, Kopfschmerzen und ein entsetzliches Gefühl des Bedauerns. Ich war mir nicht sicher, ob ich das Buch unter Wert verkauft hatte – 9000 Pfund waren eine Menge Geld damals –, aber ich war mir sicher, es zu kurz besessen zu haben. Man will ein wunderbares Buch genießen, eine Weile in seiner Nähe haben, bis der Zauber allmählich verfliegt und sich die wirtschaftlichen Erfordernisse wieder zu Wort melden. Ach, arme Lolita, ich habe dich kaum kennengelernt!

Lolita wurde erstmalig 1955 von Maurice Girodias in Paris veröffentlicht. Girodias, der sich selbst als »anglofranzösischen Pornographen der zweiten Generation« beschrieb, war der Sohn des aus Manchester stammenden Jack Kahane, in dessen Obelisk Press Henry Millers *Im Wendekreis des Krebses* in den 30er Jahren erschienen war. Girodias gründete 1953 Olympia Press und verschrieb sich wie sein Vater ganz dem Verlegen guter, sexuell eindeutiger englischsprachiger Literatur. Einige seiner Autoren waren – wie Samuel Beckett, William Burroughs, Henry Miller, Jean Genet und J. P. Donleavy – Schriftsteller ersten Rangs, wohingegen andere, die oftmals unter Pseudonym schrieben, ehrliche Lieferanten von »SBs« waren, Girodias Kürzel für »Schmutzige Bücher«. Diese wurden normalerweise von verschiedenen Imprintverlagen veröffentlicht, von denen sich einer keckerweise »Der Reisebegleiter« nannte. Doch selbst seine pornographischen Bücher waren Literatur und gut geschrieben. Hinter manchen verbargen sich wohlbekannte Schriftsteller wie Christopher Logue und Alex Trocchi, die immer froh waren, ein paar Francs zu verdienen und Spaß dabei zu haben.

Zu dieser Zeit galt Vladimir Nabokov, von dem eine Reihe von Büchern in den USA anerkennend besprochen worden war, als relativ obskure Figur, die ruhig, aber brillant an der Cornell University unterrichtete. Ängstlich suchte er nach einem Verleger für sein neues Buch, für den »gewaltigen, geheimnisvollen und herzzerreißenden Roman, den ich nach fünf Jahren riesiger Bedenken und teuflischer Mühen mehr oder weniger abgeschlossen habe. Er ist ohne Vergleich in der Literatur.«

Aber *Lolita* war hintereinander von fünf amerikanischen Verlegern abgelehnt worden. Obwohl *The Partisan Review* sich bereit erklärt hatte, einen Auszug zu veröffentlichen, bestand man darauf, daß dieser unter dem richtigen Namen des Autors erschiene – was Nabokov, der befürchtete, daß eine naive amerikanische Leserschaft ihn mit dem Ich-Erzähler gleichsetzen könnte, ablehnte.

Potentielle Verleger hielten *Lolita,* so sehr sie es auch bewunderten, für ein gefährliches Buch. Humbert Humbert, sein Held in mittleren Jahren, ist sexuell völlig hingerissen von einem zwölfjährigen Mädchen. Lolita ist sicher nicht die jugendliche kleine Nymphe, wie sie Sue Lyon in Stanley Kubricks Verfilmung von 1962 darstellt.

Sie wiegt ungefähr 35 Kilo, hat Maße von 69–58–74 und ist offenkundig noch ein Kind. Der Roman schockierte auf doppelte Weise: Zum einen gab er einen sympathischen Einblick in das Innenleben eines Pädophilen, und zum anderen ist dessen Objekt der Zuneigung ein sexuell bewußtes, provokantes kleines Mädchen. In der repressiven Atmosphäre der 50er Jahre überrascht es nicht völlig, daß einer der möglichen amerikanischen Verleger empfahl, es für tausend Jahre unter einem Stein zu vergraben.

Mich verblüfft noch immer, daß Nabobov damit so unbeschadet durchkam, aber wenn man die ersten Absätze betrachtet, spürt man, wie ihm das gelang:

»Lolita, Licht meines Lebens, Feuer meiner Lenden. Meine Sünde, meine Seele. Lo-li-ta: die Zungenspitze macht drei Sprünge den Gaumen hinab und tippt bei Drei gegen die Zähne. Lo. Li. Ta.
Sie war Lo, kurz Lo, am Morgen, 1,50 groß in einem Söckchen. Sie war Lola in Hosen. Sie war Dolly in der Schule. Sie war Dolores von amtswegen. Aber in meinen Armen war sie immer Lolita.«

Das zeigt die Sache sehr genau, aber die spielerisch sinnliche Eleganz der Sprache macht den abgebrühtesten Pädophilen erträglicher. Was immer folgen wird und welche Ablehnung es hervorrufen wird, so scheint dieser Auftakt sagen zu wollen, eines der üblichen schmutzigen Bücher ist das nicht.

Und wirklich verlangten mehrere Leser der Erstausgabe ihr Geld zurück. Das entspreche nicht dem Olympia-

Press-Standard, beklagten sie sich. Man könne es sogar kaum verstehen, so als sei es in einer Fremdsprache geschrieben. Was natürlich der Fall war. Englisch war für Nabokov, wie für Conrad, nicht nur seine zweite, sondern sogar seine dritte Sprache. (Kultivierte Europäer lernten damals gewöhnlich Französisch als ihre zweite Sprache.) Nabokovs erste Veröffentlichungen aus den frühen 20er Jahren erschienen auf Russisch; ihnen folgten zahlreiche Bücher auf Französisch. Erst 1941 publizierte er sein erstes Buch auf Englisch: *Das wahre Leben des Sebastian Knight.* Sein Englisch wurde – wieder wie bei Conrad – angereichert von seinem Gespür für Entdeckungen und seiner Freude an den stilistischen Möglichkeiten einer neuen Sprache. Es war sinnlich, geheimnisvoll, eigentümlich und formell zugleich, voller atemberaubender und unerwarteter Konstruktionen. Es klang fabelhaft neu, wie frisch erfunden, und man kann sich nur zu gut vorstellen, wie es mit russischem Akzent gesprochen wird.

Da es nicht gelang, einen amerikanischen Verleger zu finden, der den Nerv hatte, das Buch zu machen, riet man Nabokov, das Manuskript Girodias bei der Olympia Press zu schicken. Es war keine vielversprechende Wahl; sie beruhte auf einer Mischung aus Unwissenheit und Sachzwängen und schien beinahe zwangsläufig auf eine Enttäuschung hinauszulaufen.

Girodias hatte etwas von einem spitzbübisch-kosmopolitischen Lebemann; jedes Jahr kreierte er seine Novitätenliste, indem er sich einen Strauß schwüler Titel ausdachte, sie in einem Prospekt ankündigte und dann verzweifelt Autoren suchte, die diese Bücher schrieben, sobald Bestellungen hereinkamen. Nabobov war als äu-

ßerster Gegensatz dazu ein überaus kultivierter russischer Aristokrat, der sich nur den höchsten Formen der Literatur verschrieben hatte.

Aber Girodias hatte ein gutes Auge und war von *Lolita* hingerissen; sofort stimmte er einer Veröffentlichung zu:

> »... die Geschichte veranschaulichte auf ziemlich magische Weise etwas, wovon ich oft geträumt und was ich nie gefunden hatte: die Behandlung einer der größten menschlichen Leidenschaften in einer wohl völlig aufrichtigen und absolut gerechtfertigten Art. Ich fühlte, daß *Lolita* das große moderne Kunstwerk werden würde, ein für allemal die Sinnlosigkeit moralischer Zensur zu demonstrieren.«

Nabokov wußte, daß Girodias als Verleger sexuell eindeutiger Arbeiten berüchtigt war, und schrieb ihm deshalb mit Sorge: »Sie und ich wissen, daß *Lolita* ein ernsthaftes Werk mit einer ernsthaften Absicht ist. Ich hoffe, die Öffentlichkeit wird das so akzeptieren. Ein Skandalerfolg würde mich traurig machen.«

Aber genau dieser Skandalerfolg wurde es, und das war das Beste, was Nabokov passieren konnte. Mochte der naive Hochschuldozent geglaubt haben, daß die Veröffentlichung eines derartigen Buches ungeteilte Bewunderung hervorrufen würde – Girodias hatte das gewiß nicht getan. Er liebte es, wenn die Wellen hochschlugen, das war gut für den Absatz.

Als Graham Greene *Lolita* in der Weihnachtsausgabe der *Sunday Times* zu den drei besten Büchern des Jahres rechnete, führte das dazu, daß ein bis dahin unbeachteter Roman der lesenden englischen Öffentlichkeit bekanntgemacht wurde. Aber Berühmtheit erlangte das Buch blitzartig, als es John Gordon, der Herausgeber des *Sunday Express,* als Reaktion auf Greenes Lob angriff:

>»Das ist zweifelsohne das dreckigste Buch, das ich je gelesen habe. Reine, zügellose Pornographie. Seine Hauptfigur ist pervers und hat eine Leidenschaft dafür, Mädchen im Alter von 11 bis 14, die er ›Nymphchen‹ nennt, zu verderben. Das ganze Buch gibt sich der erschöpfenden, hemmungslosen und völlig ekelhaften Beschreibung seiner Verfolgungsjagden und Erfolge hin.«

Greene reagierte, indem er eine John-Gordon-Gesellschaft gründete – unter den Mitgliedern Christopher Isherwood, Angus Wilson und A. J. Ayer –, die sich der Untersuchung und Verdammung »aller anrüchigen Bücher, Theaterstücke, Gemälde, Skulpturen und Keramiken« widmete. Überdies wurde sofort eine Kampagne ins Leben gerufen, die sicherstellen sollte, daß niemand schmutzige Wörter beim Scrabble verwendete.

Obwohl Nabokov über die florierenden Verkäufe erfreut war, bekümmerte ihn der Aufruhr ein wenig: »Meine arme Lolita hat eine schwere Zeit. Bedauerlicherweise habe ich aus ihr weder einen Jungen noch eine Kuh oder ein Fahrrad gemacht; dann hätten die Philister vielleicht keine Miene verzogen.«

Er hatte sich so viele Sorgen wegen seiner Position an der Cornell University gemacht, daß er den Roman ursprünglich unter Pseudonym hatte veröffentlichen wollen, doch Girodias hatte ihn am Ende überzeugt. Falls es je nötig würde, den Roman vor Gericht zu verteidigen, würde die Berufung auf seine literarischen Qualitäten dadurch untergraben, daß sich der Autor nicht zu ihm bekannte.

Die amerikanischen Verleger signalisierten bald neuerlich Interesse an dem Buch, zumal sie sahen, wie viele Exemplare der Olympia-Press-Ausgabe in die USA importiert wurden, ohne von den wachsamen Moralhütern des amerikanischen Zolls behelligt zu werden. Greene hoffte sehr auf eine Veröffentlichung in England. Schon bald war Nabokov nicht mehr auf Girodias angewiesen, dessen laxe Geschäftsgepflogenheiten er zunehmend ärgerlich fand. Der zwischen ihnen geschlossene Vertrag sicherte Girodias großzügigerweise ein Drittel des Gewinns aus allen künftigen englischen wie übersetzten Ausgaben, was sich zu einem hübschen Sümmchen zu addieren versprach. Nabokov suchte nach einer Möglichkeit, den Vertrag zu kündigen, doch es gelang ihm nicht.

Nach einigen Verhandlungen stimmte Girodias einer geringeren prozentualen Beteiligung zu, und das Buch erschien in den USA bei Putnam's. Mehr als 100 000 Exemplare wurden in den ersten drei Wochen verkauft, der heißeste Bestseller seit *Vom Winde verweht*. Es gab einiges an Reaktionen. Die Stadt Lolita in Texas benannte sich um in Jackson, und Groucho Marx erklärte, er werde mit der Lektüre sechs Jahre warten … bis Lolita achtzehn sei. Doch die meisten Kritiker bewunderten den Roman als das Meisterwerk, das er ist: eine brillant geschriebene Mischung aus Tragödie und Komödie. Im Jahr darauf, am 8. November 1959, wurde es von Weidenfeld & Nicolson in London veröffentlicht.

So zeigt sich, daß das Widmungsexemplar der Olympia-Press-*Lolita,* das ich Graham Greene abkaufte, das genaue Datum des Erscheinungstermins in England trug – ein Faktum, das ich irgendwann später entdeckte. Aber als vor zwei Jahren bei Sotheby's ein Exemplar dieser Ausgabe auftauchte, das eine Widmung mit dem gleichen Datum aufwies, war ich wohl die einzige Person vor Ort, die diese Bedeutung erkannte. Ich kaufte es verhältnismäßig günstig und verkaufte es recht gut. Das Originalexemplar, das ich von Greene erstand, kaufte ich 1992 für 13 000 Pfund zurück und verkaufte es rasch an einen Sammler in New York weiter. Er machte ein Schnäppchen. Als das Buch bei einer Christie's-Auktion 2002 wiederauftauchte, erzielte es den erstaunlichen Preis von 264 000 Dollar. Verwundert saß ich damals im Publikum und litt an den typischen Reuegefühlen eines Verkäufers.

Alles in allem habe ich an *Lolita* recht gut verdient, wenn auch nicht so gut wie Nabokov oder Girodias. In der Folge konnte Nabokov seine Lehrverpflichtungen aufgeben und sich ganz dem Schreiben und dem Sammeln von Schmetterlingen hingeben. Der durch diesen unerwarteten Geldregen reich gewordene Girodias eröffnete in Paris zwei Nachtclubs, ein Restaurant, drei Bars und ein Theater. Fünf Jahre später machte er Bankrott.

DER KLEINE HOBBIT

1966, in meinem ersten Jahr als Doktorand am Merton College in Oxford, bewohnte ich ein kleines Studentenzimmer in der Merton Street 21. Es war schlicht, aber romantisch – der Blick ging auf den Magdalenenturm, dessen Glocken mich die ganze Nacht wach hielten – und unglaublich kalt. Meinen College-Scout Charley Carr brachte ich zur Verzweiflung, weil ich mein Heizgerät über Nacht angeschaltet ließ, was Kosten von fast 4 Pfund für das ganze Trimester verursachte. Zu starkes Heizen, sagte er mir, sei sowohl teuer als auch schlecht für mich.

Niemals hätte er mir vorgeworfen, ein verdorbener, reicher Amerikaner zu sein – der ich, nach den damaligen Maßstäben, durchaus war. Dafür war Charley viel zu höflich, aber nicht nur das, er war auch liebenswürdig und sensibel. Obwohl er für Oxfordshire Fußball und Kricket gespielt hatte und sich in der Gesellschaft von Männern behaupten konnte, hatte er eine feine, zarte Natur, die nicht beeinträchtigt wurde von etwas, was viele als eine Dienstbotenposition angesehen hätten. Denn ein Scout war, wie Charley wußte, kein Bediensteter, sondern ein Angestellter des College, dessen Aufgabe es war, ein väterliches Auge auf die Studenten im Haus zu werfen – um sicherzustellen, daß sie ordentlich waren, es bequem hatten und sich benahmen.

Anfang 1972, als ich, frisch promoviert, nach Warwick gezogen war, um an der dortigen Universität zu lehren, bekam ich einen Anruf von Charley. Herr Tolkien, sagte er mir, sei in die Merton Street 21 gezogen und habe ihn gebeten, allerlei unnützes Zeug beiseite zu schaffen.

»Sie mögen Herrn Tolkiens Bücher, oder?« fragte er.

»Sehr«, sagte ich hoffnungsvoll.

»Gut«, sagte Charley, »er hat mich gebeten, seinen alten Talar wegzuwerfen, und ich dachte mir, daß der alte Rick den vielleicht gern hätte.«

Zuerst war ich enttäuscht. Ich hatte an einen Teil seiner Bibliothek gedacht, aber wenn ich es mir recht überlegte, wollte ich auch den Talar. Warum auch nicht? Gandalfs Schatten, richtig? Als ich das zerlumpte alte Stück schwarzen Tuchs untersuchte, sah ich ein eingenähtes Namensschild: »R. Tolkien«. Was für einen besseren Herkunftsnachweis könnte man sich wünschen! Das Angebot von mehreren Paar Schuhen Tolkiens und ein paar zerschlissenen Jacketts lehnte ich ab. Dankbar stopfte ich den Talar in eine Plastiktüte, trank ein paar Bier mit Charley und trug meinen Schatz, wie Gollum sagen würde, triumphierend nach Hause – wo er völlig vergessen zehn Jahre auf unserem Dachboden lagerte.

Als ich Anfang 1982 mit meinem Universitätsdasein immer unzufriedener wurde und mehr und mehr in meiner neuen Berufung als Bücherspürhund aufging, entschloß ich mich, meinen ersten Verkaufskatalog herauszugeben. In meiner privaten Sammlung von Erstausgaben hatte ich eine Reihe guter Sachen angehäuft, derer ich jedoch bald müde geworden war. Es machte mehr Spaß, Bücher zu kaufen und zu verkaufen, als sie zu behalten. Auf diese Art und Weise sicherte man sich immer wieder interessante Dinge, konnte sich nach Herzenslust an ihnen erfreuen, sie dann verkaufen und sich zu etwas Neuem aufmachen.

Mein erster Katalog erschien im Herbst 1982, eingeschlagen in grünes Papier, auf dem inmitten eines linierten Feldes die Highlights aufgeführt waren. Ich hielt den Gesamteindruck für elegant, bis mein Drucker mir die Rechnung aushändigte und den Katalog freundlich betrachtete: »Billig und fröhlich!« sagte er. »So muß man es machen!«

Der Katalog wurde zu einem Erfolg, weil die Bücher, die ich während der vorangegangenen sechs Jahre angesammelt hatte, vernünftige Preise hatten. »Das ist leicht«, sagte ein Mitglied der Buchhändlervereinigung geringschätzig, »aber können Sie das wiederholen? Bekommen Sie das alle sechs Monate hin?«

Ich war darauf bedacht, meine neuen Kunden davon zu überzeugen, daß ich zu jenen Händlern gehörte, die ungewöhnliche Dinge fänden. Bücher, das war nichts Besonderes, die hatte jeder. Und so nahm ich als Nummer 197 meines zweiten Katalogs, der sechs Monate später herauskam, Herrn Tolkiens Talar auf. Meine Beschreibung seines Zustands scheint mir heute ein wenig zu schelmisch: »Original schwarzer Stoff, leicht ausgefranst und angeschmutzt, Rücken intakt«. Ein zusätzlicher Reiz, der in jenen unschuldigen Tagen noch nicht offenkundig war, lag darin, daß man hoffen durfte, aus einem seiner vielen DNA-reichen Flecken eine kleine Armee von Tolkiens zu klonen und einen ganzen Gemeinschaftsraum mit epenschwingenden Professoren zu füllen. Ich zeichnete den Talar eher willkürlich mit 550 Pfund aus, und ein exzentrischer Akademiker aus dem Süden der USA

kaufte ihn und gab an, ihn auf der jährlichen Abschluß-
feier seiner Universität tragen zu wollen. Charley war erstaunt und nutzte die unerwartete Einnahme, um vier-
zehn Tage in Cornwall zu verbringen.

Wenig später rief mich der junge Romancier Julian
Barnes an, der selbst Bücher sammelte, obwohl er diese
Angewohnheit, glaube ich, mittlerweile aufgegeben hat.
Er habe meinen Katalog, sagte er, und interessiere sich
für Nummer 197.

»Leider verkauft.«

Er schnaubte verächtlich: »Ich sagte nicht, daß ich es
kaufen will, sondern daß ich daran interessiert bin ...«

»In Ordnung ...«

»Es hat mich darauf gebracht, über Kleidungsstücke
von Schriftstellern und den Markt, den es dafür gibt,
nachzudenken. Wieviel würden Sie zum Beispiel für
James Joyces Hausjacke zahlen?«

»Trug er eine?«

»Gehen wir mal davon aus«, sagte er in einem betont
vornehmen Ton.

»Keine Ahnung«, sagte ich mißtrauisch, da ich unsicher war, wohin das führen würde. Joyces Hausjacke, das
klang ziemlich reizvoll. Wie würde Barnes darangekom-
men sein? Gab es einen Nachweis? Wieviel würde er dafür haben wollen?

»Oder«, fuhr Julian unnachgiebig fort, »wie wäre es mit
D. H. Lawrences Unterhosen oder Gertrude Steins Bü-
stenhalter?«

»Keine Ahnung«, sagte ich und begriff allmählich. »Das
stammt alles aus Ihrer Privatsammlung, oder? Tragen Sie
die Sachen selbst?«

»Da sehen Sie es: Wo ziehen Sie die Grenze?« fragte er, als ginge es um Petting auf dem Autorücksitz.

Ein paar Tage später erschien – war es im *Times Literary Supplement*? – sein Artikel, der sich über die Idee, mit der Bekleidung von Schriftstellern zu handeln, lustig machte. Ich war erleichtert, in meinem Katalog nicht auch ein Paar von Tolkiens Schuhen aufgeführt zu haben. Ich glaube nicht, seitdem irgendwelche Kleidungsstücke von Schriftstellern verkauft zu haben, obwohl ich einmal die ersten Locken von Sylvia Plath im Katalog hatte, die man ihr im Alter von zwei Jahren abgeschnitten hatte. Und immer noch träume ich ein wenig von Joyces Hausjacke.

Als Tolkien in die ebenso kargen Zimmer direkt unter meinen zog, fand er da einen ruhigen Ort, sowohl sein Leben als auch *Das Silmarillion* zu beenden. Er war reich damals und hätte etwas viel Komfortableres finden können, doch er liebte es, zum Collegeleben zurückzukehren. Er war ein zurückhaltender, schlurfender alter Kerl, der eine kalte Pfeife im Mund und den Blick nach innen gerichtet hatte – so daß man nie das Gefühl bekam, gemeint zu sein. Vermutlich war er mit seinen Gedanken irgendwo im fiktiven Mittelerde, versunken in epischen Grübeleien. »Morgen«, sagte er unbestimmt, wenn er an einem vorbeiging, als ob er nach der Tageszeit fragen würde oder versuchte, sie zu raten.

Tolkien war fast ein Star im modernen Verständnis, etwas, was Merton nie zuvor hervorgebracht hatte. Sir Thomas Bodley war ein Mertonianer, ebenso wie Max Beerbohm und T. S. Eliot, aber keiner von ihnen bekam säckeweise Fanpost oder zog Horden von Autogrammjägern an. An den Wochenenden bildete sich vor der Merton Street 21 eine kleine Traube farbenfroher, langhaariger gaffender Geschöpfe, die wie Statisten aus dem Film *Der Herr der Ringe* aussahen.

Die Welt war ganz verrückt nach Tolkien. Der Abschluß der Trilogie *Der Herr der Ringe* hatte 1955 große Anerkennung erhalten, aber in den sechziger Jahren war das Werk gleichsam neu erfunden worden, als die ersten amerikanischen Taschenbücher herauskamen. Jeder, den ich kannte, hatte es gelesen. Es war bezaubernd: eine unerwartete Mischung aus Erhabenheit, Bildung und Versponnenheit, die sich perfekt mit dem Zeitgeist verband. Man konnte es wunderbar lesen, wenn man bekifft war, und ausgerechnet Tolkiens Stern begann neben den Beatles, Andy Warhol und Timothy Leary in der psychedelischen Galaxie zu leuchten. Amerikanische Studenten trugen »Gandalf for President«-Buttons; in Saigon entdeckte man einen vietnamesischen Tänzer mit dem Auge des Sauron auf seinem Schild, und auf Borneo wurde eine Frodo-Gesellschaft gegründet. Bis 1968 waren weltweit mehr als drei Millionen Exemplare verkauft. Tolkien stand diesem Aufheben recht verständnislos gegenüber und verwies ironisch auf seinen beklagenswerten Kultstatus, obgleich er nichts dagegen hatte, soviel Geld zu verdienen.

Alle Welt auf der ganzen Welt kaufte die Bücher. Kinder schwärmten für sie, unter anderem weil sie nicht eigens für sie geschrieben worden waren. Leicht zugänglich waren sie nicht: Das Vokabular konnte abstrus sein, die Handlungsstränge komplex und die Stammbäume verworren. Man mußte sich konzentrieren. Jedes Buch war – darauf bestand Tolkien – um seiner selbst willen geschrieben. In einem Vortrag über Märchen, den Tolkien an der St. Andrews Universität hielt, betonte er, niemals für Kinder zu schreiben – als ob das an sich schon etwas Herabsetzendes wäre. »Kinder bilden keine Klasse oder Spezies, sie sind eine heterogene Ansammlung noch nicht ausgereifter Personen«, schrieb er und meinte das nicht herablassend.

Falls seine Geschichten, insistierte er, »kindisch« wirkten, dann, weil er so sei. Ich auch: Ich hatte die Trilogie wieder und wieder gelesen, ging dann zeitlich zurück und las *Der kleine Hobbit,* der 1937 erschienen war. Das war ein einfacheres, offenkundig mehr auf Kinder abzielendes Buch, was Tolkien später als Irrtum abtat, und doch hatte es den gleichen Reiz. Keines dieser Bücher würde ich heute noch einmal lesen wollen. Vermutlich erschienen sie mir altmodisch und ein bißchen versnobt, gekünstelt und pedantisch. Damals mochte ich viele Dinge, die mir heute etwas fade erschienen. Aber ich bedaure keineswegs, Tolkiens Bücher mit solcher Begeisterung gelesen zu haben. Ich bedaure allerdings sehr, daß ich ihn nicht dazu bekommen habe, sie mir zu widmen.

Damals war es noch möglich, von der *Herr der Ringe*-Trilogie Erstausgaben zu Preisen zu bekommen, die nicht allzuhoch über den Originalpreisen lagen, wohingegen *Der kleine Hobbit* mit seinem Schutzumschlag stolze 50 Pfund kosten konnte. Zu dieser Zeit wußte ich wenig über Erstausgaben, und wenn man mir gesagt hätte, ich würde einen Gutteil meines Erwachsenenlebens damit verbringen, mit ihnen zu handeln, wäre ich erstaunt und entsetzt gewesen. Wen kümmerte es, was für eine Ausgabe man las? Es ging doch um den Inhalt.

Es ist merkwürdig, daß Tolkien sein Schriftstellerleben mit *Der Silmarillion* abschließen sollte, denn damit hatte er begonnen. Sowohl bei seiner akademischen als auch bei seiner fiktionalen Arbeit war er jemand, der ständig tüftelte und revidierte, der eher etwas beiseite legte, als es in nicht vollkommenem Zustand zu veröffentlichen. Das letzte Buch, eine düstere und ambitionierte Saga, war in den 20er Jahren konzipiert worden und hatte sich, wie sein ganzes Werk, zum Teil aus Geschichten entwickelt, die er seinen Kindern erzählte. Als er es beiseite legte, begann er – an ihren »Winterleseabenden«, wie sie es nannten – den Kindern die lange Geschichte zu erzählen, aus der *Der kleine Hobbit* werden sollte. Tolkien schildert die Schöpfung der Hobbits so, als seien sie wie Strandgut an die Küste seines Unbewußten geworfen worden. In den frühen 30er Jahren entdeckte er, als er dabei war, Arbeiten zu benoten, daß einer der Prüflinge eine Seite völlig unbeschrieben gelassen hatte. Darauf, so erinnerte er sich …

»… schrieb ich: ›In einer Höhle in der Erde, da lebte ein Hobbit.‹ Namen riefen in meinem Kopf immer eine Geschichte hervor. Schließlich dachte ich, es wäre besser, herauszufinden, was Hobbits seien.«

Und das, wie er später fand, war er selbst:

»Ich bin, von der Größe abgesehen, wirklich ein Hobbit. Ich mag Gärten, Bäume und unberührte Äcker. Ich rauche Pfeife und mag gutes, einfaches Essen, das nicht aus dem Kühlschrank kommt … Ich mag bestickte Westen und traue mich sogar, sie in diesen eintönigen Tagen zu tragen. Ich esse gern frische Pilze und verfüge über einen sehr schlichten Humor. Ich gehe spät zu Bett und stehe, wenn möglich, spät auf. Ich reise nicht viel.«

Allgemein gesehen sind Hobbits einfache, kräftige Engländer (wenn auch kleiner und mit behaarten Füßen), die in ihrem Alltag wenig Raum für ihre Phantasie haben, aber, falls nötig, in der Lage sind, großen Mut und Ideenreichtum zu zeigen.

Einzugestehen, »L'hobbit, c'est moi«, heißt nicht, die zahllosen Einflüsse von Tolkiens Belesenheit zu leugnen. In einem Brief an den Herausgeber des *Observer* hatte er 1938 große Mühe, zu widerlegen, daß die Hobbits auf den wilden kleinen Afrikanern basierten, die Julian Huxley beschrieben hatte. Vielmehr, gab er zu, war *Beowulf* seine Hauptquelle, ergänzt durch die Namen von Zwergen und Zauberern aus der *Lieder-Edda*. In gewisser Weise gehörte *Der kleine Hobbit* zu jener Sorte Buch, die jeder phantasievolle, selbstbewußte Student des Englischen hätte schreiben können.

Tolkien begann in den frühen 30er Jahren, die Geschichte niederzuschreiben, aber er fühlte sich bezeichnenderweise nicht in der Lage, sie abzuschließen. Mehrere Freunde und insbesondere C. S. Lewis begriffen, daß er ein bedenkenträgerischer Autor war, und ermutigten ihn, nachdem sie das Manuskript gelesen hatten, damit weiterzumachen. Aber es wäre möglicherweise weiter unbeachtet geblieben, wenn nicht einer seiner Absolventen ihm geraten hätte, es den Verlegern Allen & Unwin zu schicken.

Unwin, der nicht wußte, was er mit dieser Sendung anfangen sollte, gab das Manuskript seinem zehnjährigen Sohn Rayner und bat ihn um ein Gutachten, für das er ihm einen Shilling versprach. Rayner mochte es:

»Bilbo Baggins war ein Hobbit, der in seiner Hobbit-Höhle lebte und *nie* zu Abenteuern aufbrach. Schließlich überzeugten ihn Gandalf der Zauberer und seine Zwerge, es zu tun. Er verbrachte eine sehr aufregende Zeit, mit Orks und Wargs zu kämpfen. Am Ende kamen sie zu dem einsamen Berg. Smaug, der Drache, der ihn bewacht, wird getötet, und nach einem schrecklichen Kampf mit den Orks kehrt er nach Hause zurück – reich! Dieses Buch (mit ein paar Landkarten versehen) benötigt keine Illustrationen, es ist gut und sollte alle Kinder im Alter von 5 bis 9 ansprechen.«

Rayners Vater widersprach nur in einem Punkt und beauftragte Tolkien, der ein talentierter Hobbykünstler war, eine Zeichnung für den Schutzumschlag anzufertigen. Tolkien gab nicht viel auf seine Fähigkeiten und merkte an, daß die Bilder wohl nur beweisen würden, daß der Autor nicht zeichnen könne. Dennoch schmückt Tolkiens perfekte Zeichnung auch heute noch den Schutzumschlag des Buches und trägt erheblich zu seinem Charme bei, ganz zu schweigen vom Wert der Zeichnung in Verbindung mit einem Exemplar der Erstausgabe. In blauen, grünen und schwarzen Farben zeigt das Bild einen Wald im Vordergrund, mit schneebedeckten Bergen dahinter und einem blauweißen Himmel darüber, über den Drachen hinwegschießen. Am Rande stehen Tolkiens Runenbuchstaben, die etwas Magisches ausstrahlen und den vollständigen Buchtitel benennen: *Der Hobbit oder Hin und Zurück. Die Aufzeichnung von Bilbo Baggins' einjähriger Reise, aus seinen Lebenserinnerungen von J. R. R. Tolkien zusammengestellt und verlegt von George Allen und Unwin.*

Im September 1937 erschien das Buch in einer Auflage von 1500 Exemplaren und wurde innerhalb weniger Monate nachgedruckt. Zur Weihnachtszeit stieg die Nachfrage so stark, daß die Verleger in ihrer Not – wie sie atemlos berichteten – Teile des Nachdrucks in einem Privatauto aus der Druckerei in Woking holten.

»Das klingt ziemlich aufregend«, reagierte Tolkien erfreut auf die Verkäufe und die lobenden Kritiken. *Der kleine Hobbit* ist seitdem immer lieferbar gewesen. Es ist eins der meistgesuchten Kinderbücher, und ordentliche Exemplare mit dem wunderbaren Schutzumschlag können heute bis zu 30 000 Pfund einbringen.

Ach, die Idotien der Jugend! Damals, als ich Tolkien traf, waren die Signierwünsche von Fremden so zahlreich, daß Tolkien gewöhnlich nur für Freunde oder für Mertonianer Bücher signierte. Es wäre so einfach gewesen, und wenn ich die signierten Exemplare behalten hätte, hätten sie mir mein Auskommen im Alter gesichert. Im letzten Jahrzehnt sind die Tolkien-Preise in erstaunliche Höhen geklettert, schneller als der Nasdaq-Index, zuerst in Erwartung der Verfilmung von *Der Herr der Ringe,* dann als Reaktion darauf.

Ein signierter *Hobbit?* Vielleicht 75 000 Pfund. Ein signierter *Herr der Ringe?* Ungefähr 50 000 Pfund. Aber was soll's, ich habe noch nie ein mir gewidmetes Buch verkauft, also würde ich sie vermutlich meinen Kindern hinterlassen. Doch ich würde sie verkaufen, wenn die Not groß genug wäre und ein bibliophiler Wolf zur Tür hereinkäme. Wölfe fressen Bücher, und auf Tolkiens sind sie besonders scharf.

Herr der Fliegen

Ein Freund von mir ist Buchsammler und Anwalt; er ist sehr scharfsinnig in seiner Beurteilung von Büchern und noch scharfsinniger, wenn es darum geht, mögliche Anlässe für einen Rechtsstreit auszumachen. Am Tonfall seiner Stimme am Telefon erkannte ich sofort, daß ihn die Verknüpfung dieser beiden Felder ungemein erregte.

»Jetzt hast du ihn!« rief er. »Ein ganz einfacher Fall! Den würde ich umsonst übernehmen. Wir werden den Bastard drankriegen!«

Das war 1985, und er hatte gerade William Goldings neuen Roman *Papier-Männer* zu Ende gelesen. Dessen Protagonist ist ein leicht reizbarer, Golding-ähnlicher Schriftsteller, der von seinem Gegenspieler verfolgt wird, einem großen, bärtigen amerikanischen Akademiker namens Rick L. Turner. Dieser »Rick« möchte der Biograph der Golding-Figur werden und wird von dem Schriftsteller unter anderem dabei ertappt, wie er in seinen Mülltonnen herumwühlt, in der Hoffnung, etwas biographisch Bedeutsames nach Hause tragen zu können.

»Das ist eine Verleumdung, keine Frage! Sag einfach ja!«

In den Augen meines Freundes wog die Anklage gegen Golding sogar noch schwerer, als ich ihm sagte, daß der Name dieses widerlichen amerikanischen Biographen in den Druckfahnen geändert worden war: von »Jack« in »Rick« – vermutlich aufgrund Goldings zunehmender

Verärgerung über meine bibliographische Einmischung in sein Leben kurz zuvor. Ich hatte sowohl die Fahnen als auch das Buch gelesen, deshalb war das alles nichts Neues für mich. Über meine Haltung dazu war ich mir bereits im klaren. Betrüblicherweise haben mich Literaturnobelpreisträger nachweislich und ziemlich ausnahmslos übergangen. Kein Wort über mich bei Boris Pasternak, Octavio Paz oder selbst Saul Bellow. Wenn sich folglich ein Nobelpreisträger entschloß, mich in sein Werk aufzunehmen, erschien mir selbst eine Parodie besser als nichts. So stolz bin ich nicht.

Damals hatte ich mit einem sich sträubenden und aufsässigen Golding an einer Bibliographie seiner Werke gearbeitet. Er hatte dem Projekt unwillig zugestimmt, mit der Bemerkung »Das wird so sein, als würde ich mein eigenes Badewasser trinken« und dem Zusatz, daß er dadurch das Gefühl bekomme, bereits gestorben zu sein. (Als das Buch dann 1994 erschien, war das wirklich der Fall.) Obwohl er betont hatte, das Projekt weder unterstützen noch behindern zu wollen, gewährte er mir schließlich, in einem Anflug von Gnade, gelegentliche Besuche in seinem Haus bei Truro, um Papiere und Exemplare seiner eigenen Bücher in Augenschein nehmen zu können.

So etwas war nie eine angenehme Erfahrung, und er fühlte sich auf symbolische Weise vergewaltigt. Als ich ihn einmal fragte, ob ich mir einige Unterlagen, die seine frühen Veröffentlichungen betrafen, anschauen könne, antwortete er gereizt und recht bezeichnend: »Mir geht niemand an die Wäsche!« Er war ein gutes Beispiel für die eigentümliche Aggressivität zurückhaltender Privatschullehrer, die zugleich bescheiden und in höchstem

Maße arrogant sein können. Er war schüchtern und fühlte sich nur im Kreis seiner Familie und Freunde oder nach ein paar Drinks wohl.

Auf Rat von Goldings Lektor Charles Monteith nahm ich zu den Goldings immer einige Flaschen Puligny Montrachet mit, die wir zum Mittagessen tranken. Eines Nachmittags, als wir eine ansehnliche Menge Wein intus hatten, schlurfte Bill (wie er genannt werden wollte) davon und hämmerte auf sein Klavier ein, während ich im Arbeitszimmer zugange war.

Er war mehr ein begeisterter denn ein geübter Pianist, und er konnte einen ordentlichen Lärm machen. Bibliographische Recherchen sind unsäglich eintönig und verlangen Disziplin, und der höllische Krach war ziemlich furchtbar. Auf einmal herrschte Ruhe, und Bill schwankte durch die Tür.

»Was soll das eigentlich?« fragte er aggressiv. »Wen zum Teufel interessiert denn das?«

»Na ja«, sagte ich weise und versuchte zu entscheiden, was schlimmer war, der Lärm oder die Befragung. »Es wird für jeden nützlich sein, der etwas über die Bandbreite Ihres Werkes erfahren will, was Sie geschrieben haben und wann.«

»Warum lesen die nicht einfach die verdammten Bücher?«

»Vielleicht wissen sie nicht, was Sie geschrieben haben oder wann oder von wem es verlegt wurde.«

Er schien nicht überzeugt. Vermutlich war das nicht die Sorte Leser, die er wollte.

»Oder nehmen wir an, daß jemand wissen will, welche Ihrer Bücher ins – sagen wir – Bulgarische übersetzt worden sind. Eine Bibliographie würde ihm ungemein helfen.«

Er bedachte mich mit einem vernichtenden Blick und zog sich zurück. Und krachend, knallend, tosend schallte etwas zu mir herüber, das ich für eine Art Mazurka hielt, die wie eine Herausforderung zum Kampf ertönte.

Am nächsten Morgen erlebte ich dennoch ein besonderes Vergnügen. Er lud mich ein, ihn zu seiner Bankfiliale in Truro zu begleiten und sich einmal das holographische Manuskript von *Herr der Fliegen* anzusehen – in Hinblick auf seinen möglichen Verkaufswert. Als wir die Bank betraten, erfüllte ein Moment der Stille den Schalterraum, da Golding offensichtlich die größte Berühmtheit am Ort war. Tatsächlich hatte sich einmal folgendes ereignet: Als Golding, nachdem er 1988 zum Ritter geschlagen worden war, erstmals wieder die Bank betreten hatte, war eine schüchterne junge Kassiererin knallrot angelaufen und hatte gestottert: »Guten Morgen, Sir Golding« – eine Begrüßung, die ihm, wie er gestand, das Gefühl gegeben hatte, eine Figur in Malorys Geschichten von König Artus zu sein.

Das Manuskript, das in einem Schließfach im Tresorraum aufbewahrt wurde, war ein bemerkenswert schlichtes Ding. Er hatte in Schulhefte geschrieben, häufig während der Pausen, in denen er sich mit einem Kaffee in eine Ecke des Lehrerzimmers verzogen hatte. Am beeindruckendsten war die Flüssigkeit des Geschriebenen; es gab fast keine Ergänzungen oder Korrekturen. Später erinnerte sich Golding, daß er die Geschichte so klar vor Augen hatte, daß ihm war, als würde er sie abschreiben und nicht verfassen.

Ich war ziemlich überrascht, daß er daran dachte, das Manuskript zu verkaufen, aber in fortgeschrittenem Alter wurde er von diffusen Ängsten um sein Vermögen gequält – und zwar derart akut, daß mich Lady Golding eines Abends bat, mit ihm darüber zu sprechen.

»Sie haben damit keine Probleme«, bemerkte er mürrisch, »Sie als reicher Mann.«

Ich bot ihm an, unbesehen unsere Kontostände miteinander zu tauschen, ehe ich ihm nahelegte, daß seine Sorgen symbolischer Art seien: »Worum geht es wirklich?« fragte ich. »Geht es um den Verlust von Macht und Kontrolle? Einen schwächer werdenden Zugriff auf die Dinge? In Ihrem Alter ist das ganz normal, so zu fühlen.«

Er starrte mich wegen meiner Unverschämtheit an. »Seien Sie nicht so blödsinnig«, erwiderte er, »es geht um Geld.«

Seine finanziellen Sorgen hatten sich, wie er zugab, durch die panische Angst verschärft, daß man ihn wegen Steuerhinterziehung ins Gefängnis werfen könnte.

»Das macht mir Alpträume!« sagte er.

»Sprich mit Rick darüber«, bedrängte ihn seine Frau Ann, »er wird dir sagen, wie dumm das ist.«

»1961«, sagte Golding, »besuchte ich Kanada und gab eine Reihe von Lesungen. Und, nun ja, von einer der Universitäten bekam ich einen Scheck über 100 Dollar.« Er hielt inne, bekümmert darüber, sich daran erinnern und darüber sprechen zu müssen.

»Und?«

»Ich bekam es bar in Kanada und gab es aus.«

»Und?«

»Das ist alles.«

»Und das kam nie wieder vor?«

Er zuckte zusammen: »Natürlich nicht! Ich liege die ganze Nacht wach, voller Angst, daß mich das Finanzamt schnappt und ins Gefängnis wirft.«

Ich mußte mir Mühe geben, nicht zu lachen. »Nun«, sagte ich wohlüberlegt, »so viele Nobelpreisträger wird es nicht geben, die wegen Steuerhinterziehung im Gefängnis sitzen.«

»Lester Piggott hat man auch ins Gefängnis gesteckt!«

»Er war Jockey, und es ging um Mehrwertsteuerbetrug in einer Höhe von vier Millionen Pfund«, erwiderte ich.

»Das Prinzip ist das gleiche«, sagte Bill mit Überzeugung.

So war er, vermute ich, auf die Idee gekommen, das Manuskript von *Herr der Fliegen* als kleinen Notgroschen zu betrachten, und freundete sich damit an, es zu verkaufen. Er war ein Mann voller Zweifel, aber er hat nicht einen Moment am Wert von *Herr der Fliegen* gezweifelt, sei es als Text oder als Verkaufsobjekt. Als er den ersten Entwurf fertig hatte, verkündete er seiner Familie, daß er dafür eines Tages den Nobelpreis bekäme. Und obwohl der Preis für das Lebenswerk und nicht für ein einzelnes Buch vergeben wird, behielt er recht.

Auch was den exakten finanziellen Gegenwert anging, hegte er kaum Zweifel. Obwohl er mich nach einer Einschätzung fragte, hatte er sehr wohl eine Summe im Kopf.

»Wenn Sie einen netten reichen Amerikaner oder Japaner fänden«, sagte er und versuchte sich – was seinem Wesen völlig fremd war – weltmännisch lässig zu geben, »nähme ich eine Million dafür.«

»Eine Million was?« fragte ich, vielleicht ein wenig verschmitzt.

Er schien nachzudenken.

»Pfund natürlich!« – Gerade so, als hätte ich die Königin beleidigt.

»Aber Bill«, sagte ich, so vernünftig, wie ich es konnte, »das einzige Manuskript aus dem 20. Jahrhundert, das entfernt diese Größenordnung erreicht hat, ist Kafkas *Prozeß*.«

Er nickte, als ob dies seine Sicht unterstützen würde.

»Trotzdem gibt es«, entgegnete ich, »keinen Käufer, der diesen Preis zahlen würde.«

»Es muß doch irgendeinen schwerreichen Sammler geben, der dafür sterben würde, es zu besitzen!«

»Nach meiner Erfahrung wird niemand dadurch schwerreich, daß es ihm egal ist, was er wofür bezahlt. Der Sinn für Geld ist die einzige Möglichkeit der Reichen, sich zu schützen.«

Er starrte mich an. Offensichtlich war ich ein verdammt schlechter Händler.

»Beschaffen Sie mir eine Million«, sagte er, »und Sie bekommen fünf Prozent.«

Vor dem Krieg war Bill Golding ein junger Lehrer an der Bishop-Wordsworth's-Schule in Salisbury. Er trat 1940 in die Royal Navy ein und nahm seine Arbeit sechs Jahre später wieder auf:

»Es gab eine Zeit, da ich gesagt hätte, daß wir nicht böse seien. Als ich nach dem Zweiten Weltkrieg herausfand, was Menschen einander angetan hatten, was Menschen

ihrem eigenen Volk angetan hatten, da sah ich mich gezwungen, von etwas auszugehen, was nicht der normalen menschlichen Natur entstammen konnte, so wie sie
in guten Büchern gezeichnet wird. Und schließlich
dachte ich, es müsse eine Art Prinzip des Bösen am Werk
sein.«

Er war ausgebildeter Wissenschaftler, und als er in die
Schule zurückkehrte, faszinierten ihn seine Schüler. Wer
waren sie? Wozu waren sie in der Lage? Zuvor hatte er nie
ernstlich über sie nachgedacht. Wenn die Menschen, wie
er erfahren hatte, in großem Maßstab zu Bösem fähig
waren – wie beeinflußte dies seine Sichtweise der Jungen?
Seine Schüler ahnten es damals nicht, aber aus seinem
Entsetzen über die Inhumanität des Menschen gegenüber anderen Menschen erwuchs ein neues, aber ver-
wandtes Interesse: an der Inhumanität von Jungen gegenüber anderen Jungen.

Herr der Fliegen wurde über Schuljungen geschrieben,
in der Schule und mit Höchstgeschwindigkeit. Doch es
ist eine Sache, über ein Manuskript zu verfügen, und eine
ganz andere, jemanden zu finden, der es veröffentlicht.
Man hat gesagt, *Herr der Fliegen* sei nacheinander von 22
Verlegern abgelehnt worden. Ich glaube das keine Sekunde lang. Nur ein Idiot würde sich Faber and Faber als
dreiundzwanzigste Adresse aussuchen.

Aber es stimmt sicherlich, daß das eselsohrige Manuskript und sein deprimierendes Anschreiben die Runde
machten: »Ich schreibe einen Roman über eine Gruppe
von Jungen, die auf einer einsamen Insel zurückgelassen
werden, und über die der menschlichen Natur eigene

Wunde, die dazu führt, daß sie eine unzureichende Gesellschaftsform entwickeln – würde Sie das interessieren?«

Vorhersehbarerweise interessierte diese plumpe Zusammenfassung weder Jonathan Cape, André Deutsch, Fred Warburg noch Victor Gollancz. Im September 1953 schickte Golding das Manuskript zu Faber and Faber, wo es beinahe an der ersten Hürde scheiterte. Charles Monteith, damals ein junger Lektor bei Faber and Faber, erinnerte sich an diesen Augenblick:

»Jeden Dienstag morgen kam eine Profileserin zu uns; nennen wir sie Frau Parkinson (was nicht ihr richtiger Name ist). Frau Parkinson beeindruckte uns schwer, weil sie in der Tat höchst professionell war und für eine Reihe von Verlegern las. Man sagte ihr ein Adlerauge und unglaubliche Klugheit nach, und sie hatte die große Gabe, ein Buch in einem schlagkräftigen Satz zusammenzufassen, den sie dann auf dem Anschreiben des Autors notierte, das an das Manuskript geheftet war. Frau Parkinson hatte es durchgesehen und einen prägnanten Kommentar dazugeschrieben: ›Zeit: die Zukunft. Absurdes und uninteressantes Gedankenspiel über die Explosion einer Atombombe in den Kolonien und über eine Gruppe von Kindern, die in einem Dschungel bei Neu-Guinea landen. Dummer Unsinn. Überflüssig.‹«

Davon nicht abgeschreckt, sah sich Monteith das geschmähte Manuskript an und hielt es für vielversprechend. Der Anfang war schlecht – ein zwölfseitiger Bericht über eine Atomexplosion –, aber danach wurde es stärker. Monteith empfahl es seinen Kollegen zur Lektüre. Der Verkaufsleiter war nicht überzeugt und hielt den Text für unveröffentlichbar. Doch Geoffrey Faber ermutigte seinen jungen Lektor und schlug ihm vor, unverbindlich mit dem Autor zu sprechen und herauszubekommen, ob man gemeinsam dem Ganzen eine gewisse Form geben könne.

»Ich war der Meinung, daß es sich aufgrund des offensichtlichen und ausgeprägten theologischen Gerüsts des Buches wahrscheinlich um einen jungen Geistlichen handelte. Jetzt ist es erschreckend eindeutig, daß ich ihn für einen Lehrer hätte halten sollen.« Golding war keine Primadonna. Er war begierig darauf, Kritik zu hören, und durchaus willens, seinen Text umzuschreiben. Monteiths zentraler Vorschlag war, die ersten zwölf Seiten zu streichen und die Jungen direkt auf die Insel zu versetzen.

Doch selbst als sich Golding und Monteith über den Text verständigt hatten, waren sie uneins über den Titel. *Fremde von innen,* wie es damals hieß, ging einem nicht gut über die Lippen. Was sollte man statt dessen nehmen? Golding hatte ein paar Ideen, eine schlimmer als die andere: *Ein Kinderschrei? Alptrauminsel? Eine Insel finden?* Verzweifelt griff Monteith auf *Der Sturm* zurück und hoffte, darin einen Titel mit Insel-Bezug zu finden. Schließlich war es aber sein Faber-Kollege Alan Pringle, der *Herr der Fliegen* aufbrachte – eine Idee, die sofort einschlug.

Fast ein Jahr, nachdem es bei Faber and Faber eingesandt worden war, wurde *Herr der Fliegen* veröffentlicht, im Sep-

tember 1954. Der Verlag reichte das Buch beim Chelten-
ham-Festival für Debütromane ein, doch es gelangte nicht
einmal auf die Shortlist. Dennoch erhielt der Roman nach
und nach gute Kritiken, darunter eine besonders begeisterte von Stevie Smith, der ihn »schön und verzweifelt,
ganz außerhalb des Gewöhnlichen« nannte. Aber die Verkäufe schossen erst in die Höhe, als E. M. Forster den Roman zu seinem Buch des Jahres 1954 machte. Später äußerte er über *Herr der Fliegen* folgendes:

> »Es mag dazu beitragen, daß einige Erwachsene weni-
> ger selbstbezogen sind und mehr Mitgefühl zeigen, daß
> sie Ralph unterstützen, Piggy respektieren und Jack im
> Zaum halten und so das Dunkel des menschlichen
> Herzens ein wenig aufhellen. Zum gegenwärtigen
> Zeitpunkt ist es meiner Ansicht nach der Respekt für
> Piggy, den wir am nötigsten brauchen. In unseren An-
> führern finde ich ihn nicht.«

Das wurde 1962 geschrieben, doch es scheint heute so
wahr zu sein wie damals. In der Zwischenzeit wurde *Herr
der Fliegen* in mindestens 33 Sprachen übersetzt und
über 20 Millionenmal verkauft. Eine hübsches, frisches
Exemplar der Erstausgabe mit Schutzumschlag ist heute
5000 Pfund wert.

Ich bin mir keineswegs sicher, was das Manuskript wert
ist. Manuskripte sind schwerer einzuschätzen als Bücher,
und man muß das üblicherweise im Analogieschluß tun,
entweder zu Manuskripten desselben Autors oder zu Manuskripten vergleichbarer Bedeutung. *Herr der Fliegen*
ist deshalb ein Spezialfall, weil nur wenige Nachkriegs-

romane so wichtig und berühmt sind. Man denkt an die Manuskripte von *Der Fänger im Roggen* oder *Catch 22,* die beide einen sehr hohen Preis erzielen würden, aber niemals auf dem Markt waren.

Als mich Golding vor all den Jahren um eine Einschätzung bat, holte ich mir Rat bei einer Anzahl führender Händler. Deren Taxierungen des Wertes reichten von 50 000 bis 250 000 Pfund. Ich brachte ihm das behutsam bei, und er schnaubte voller Verachtung. Niemand ging ihm für so wenig an die Wäsche. Ich vermute, daß die letztgenannte Zahl es heute eher träfe, wenn man einen reichen Amerikaner oder Japaner finden könnte. Immerhin erzielte das Manuskript von Kerouacs *Unterwegs* kürzlich einen Preis von mehr als zwei Millionen Dollar, weil dieser Roman einen besonderen Platz im Herzen zumindest eines reichen Amerikaners einnahm. Wer weiß – vielleicht tut das *Herr der Fliegen* ja auch.

Das Bildnis des Dorian Gray

In der populären Vorstellung besitzen literarische Mittag- oder Abendessen einen legendären Reiz, vor allem bei der großen Zahl von Lesern, die daran nicht teilnehmen. Obwohl sie oft langweilig und meistens unproduktiv sind, rufen sie Bilder von trinkfreudigen Abenden im Groucho Club und spritzigen Unterhaltungen im Garrick wach. Die meisten neugierigen Leser mögen Geschichten, die ihre Lieblingsautoren einmal unernst zeigen, und in der Tat sind viele der geistreichen und witzigen Bemerkungen, die in die Literaturgeschichte eingegangen sind, beim Essen und vor allem beim Trinken gefallen. Aber wenn die Austern nicht tödlich verdorben sind oder die Szene in einem Agatha-Christie-Roman spielt, enden literarische Abendessen selten mit dem Tod.

Ich halte es dennoch nicht für gänzlich frivol, daran zu erinnern, daß die abendlichen Ereignisse des 30. August 1889, als der Verleger J. M. Stoddard mit zwei hoffnungsvollen jungen Autoren dinierte, unmittelbar zu einer Kette von in ihrer tragischen Erbarmungslosigkeit faszinierenden Ereignissen führten, die elf Jahre später im Tod Oscar Wildes in Paris kulminierten.

Stoddard durchforstete London nach neuer Prosa für das amerikanische *Lippincott's Monthly Magazine* und hatte Oscar Wilde und Arthur Conan Doyle zum Abendessen eingeladen. Der junge Ire hatte 1882 einen spekta-

kulären Eindruck bei seiner Lesereise in Amerika hinterlassen, als er als lilienbekränzte Plaudertasche sich selbst
zum Apostel des »l'art pour l'art« ausrief. Als Persönlich-
keit hatte er durchschlagenden Erfolg, obwohl sich kaum
jemand fand, der etwas von ihm gelesen hatte.

Wildes literarische Produktion war, selbst zu der Zeit,
als er mit Stoddard dinierte, verhältnismäßig dünn: Er
hatte ein paar Kurzgeschichten in Zeitschriften veröffentlicht, dazu zwei limitierte Ausgaben überraschend
kraftloser Stücke, einen schwülstigen, unbedeutenden
Gedichtband und ein vollkommen geglücktes Kinder-
buch: *Der glückliche Prinz.* Einige Jahre lang hatte er von
seinen brillanten Studienleistungen, seinem Witz und
Charme gezehrt, aber im Alter von fünfunddreißig Jahren lief er Gefahr, auf ewig im Stadium des vielverspre-
chenden Talents steckenzubleiben. Wenn er das Genie
war, zu dem er sich 1882 in Amerika erklärt hatte, war es
an der Zeit, die Werke zu schaffen, die dies bewiesen.

Beide Schriftsteller reagierten auf Stoddards Überre-
dungskünste: Conan Doyle schrieb den zweiten Sher-
lock-Holmes-Band, *Das Zeichen der Vier,* und Wilde
legte, nach einem Fehlstart, *Das Bildnis des Dorian Gray*
vor – eine außergewöhnliche Ausbeute für einen einzigen abendlichen Auftritt des Verlegers. Wilde erhielt 200
Pfund für den Zeitungsvorabdruck und schloß das Buch
in nur wenigen Monaten ab.

Obwohl *Dorian Gray* das Ergebnis dieses berühmten
Abendessens ist, ging die Idee dazu auf ein Ereignis im
Jahr 1887 zurück, als sich Wilde von dem Kanadier
Frances Richards hatte malen lassen. Mit Wohlgefallen
das fertige Bild betrachtend, bemerkte Wilde traurig:

»Was für eine Tragik! Dieses Porträt wird im Gegensatz zu mir nie altern. Wenn es sich nur anders verhielte.« Das war natürlich nur in der Kunst möglich, die Wilde nie mit dem Leben verwechselte, da er jene diesem unendlich vorzog.

Im Roman zeigen sich auf Dorian Grays Abbild allmählich die Zerstörungen der Zeit, während der reale Körper Dorians von ihnen verschont zu bleiben scheint. Fasziniert von der wachsenden Diskrepanz zwischen seinem Körper und seiner Seele, wird ihm die verräterische Häßlichkeit seines Bildes zur Obsession, während er sein zügelloses Leben fortsetzt, das den allmählichen Verfall des Bildes verursacht. Als er in einem letzten Anfall von Wahnsinn mit einem Messer auf sein Porträt einsticht, ist er selbst es, den er tötet. Seine Bediensteten entdecken einen Leichnam, der beinahe bis zur Unkenntlichkeit entstellt und verkommen ist, wohingegen das Ölporträt seine makellose Schönheit wiedererlangt hat – eine brillante Geschichte.

Als sie in der Zeitschriftenfassung im Juli 1890 in Amerika erschien, war die Aufnahme überraschend positiv. Die Kritiker, die die klassischen moralischen Geschichten von Seelenverkauf und Sündenlohn wiedererkannten, fühlten sich ein bißchen unwohl – war es notwendig, Dorians nicht näher erläuterte Sünden wirklich *so* anziehend darzustellen? –, doch sie zeigten sich grundsätzlich überzeugt von der offenkundigen Rechtschaffenheit der Geschichte. Wilde war ein klein wenig bekümmert über das Lob: Jeder Autor, der beim amerikanischen Publikum so leicht Zustimmung fand, sollte sich ändern. »Gewiß«, stimmte er zu, »*Dorian Gray* hat eine schreckliche Moral – eine Moral, die die Lüsternen nicht finden werden, aber die sich allen offenbart, deren Geist gesund ist. Ist das ein künstlerischer Fehler? Ich befürchte, ja. Es ist der einzige Fehler in dem Buch.«

Noch war *Dorian Gray* kein Buch, aber es sollte bald eines werden. Der kleine englische Verlag Ward, Lock & Co. fragte Wilde, ob er das Werk im folgenden Jahr herausbringen könne. Das einzige Problem bestand ihrer Meinung nach darin, daß die Geschichte mit ihren 50 000 Wörtern zu kurz war, um eine Einzelausgabe zu rechtfertigen. Wilde stimmte zu, sechs weitere Kapitel zu schreiben, und war froh über die Gelegenheit, den Text durchzusehen. Der Roman profitierte beträchtlich von den neuen Kapiteln, die den Charakterisierungen mehr Gewicht verliehen und die Handlung interessanter und plausibler machten.

Ermutigt durch die günstige Aufnahme der amerikanischen Zeitschriftenfassung, war der Autor zuversichtlich, was die Reaktion auf das kommende Buch anging. Doch eine Anzahl feindseliger Artikel war bereits erschienen, und der Verlag sorgte sich um die Aufnahme des Romans in England.

Wilde war aufmüpfig, wenn auch nicht ganz aufrichtig: »Jeder sieht in Dorian Gray seine eigenen Sünden. Worin Dorian Grays Sünden bestehen, weiß niemand. Wer sie findet, hat sie selbst hineingelegt.« Vom Verlag heftig dazu genötigt, änderte Wilde jedoch einige Passagen des Textes von 1890, insbesondere diejenigen, die homoerotische Themen ansprachen. Er haßte diesen Vorgang. »Es hat mich furchtbar geärgert«, sagte er und erinnerte seine Verleger daran, daß es sein und nicht ihr

Buch sei. Dennoch stimmte er widerwillig einer Reihe von zentralen Veränderungen zu. Die männlichen Charaktere gehen körperlich weniger offen miteinander um, und die möglichen Implikationen einiger Schlüsselstellen wurden herausgenommen. Im Text von 1890 lehnt es Dorian ab, sich zu rechtfertigen, als Basil Hallward ihn fragt, warum seine Freundschaft für junge Männer so verhängnisvoll sei, und ermöglicht so die Implikation eines sexuellen Fehlverhaltens. In der späteren Fassung jedoch widerlegt Dorian den Vorwurf.

Das Bildnis des Dorian Gray erschien im April 1891, ein schöner Band, wie alle Werke Wildes, denn er bestand darauf, die Gestaltung, Typographie und Buchbindung zu überwachen. Das Buch, das von seinem Freund Charles Ricketts gestaltet wurde, hatte mit graubraunem Papier kaschierte Deckel und einen goldgeprägten Velinrücken. Die Standardausgabe erschien in 1000 Exemplaren zu sechs Shilling; eine großformatige, vom Autor signierte Vorzugsausgabe in einer Auflage von 250 Exemplaren kostete zwei Guineen. Wie sein Held sah *Das Bildnis des Dorian Gray* großartig aus, wenn es auf unnatürliche Weise seine Jugend bewahren konnte, aber bei Gebrauch verfiel es entsetzlich. Die Prägung blich aus, die Deckel wurden schmutzig, die Gelenke und Kanten brachen und legten ihren schäbigen Untergrund bloß. Auf dem Markt der seltenen Bücher sind guterhaltene Exemplare so gut wie unbekannt, und fände man eines mit diesem außergewöhnlichen Einband, wäre es um die 30 000 Pfund wert.

So schön das Buch aussah und so anziehend die offensichtliche Moral auch war: Die englischen Kritiker waren dafür keineswegs so empfänglich wie ihre amerikanischen Kollegen. Vielleicht lag es daran, daß das Motiv der Männerliebe in der englischen Gesellschaft streng tabuisiert war. Männer, die eine Erziehung an Privatschulen genossen hatten – und die literarische Kultur in England rekrutierte sich fast ausschließlich aus solchen – waren von ihren Lehrern in einer verschlüsselten, aber doch sofort verständlichen Sprache unablässig vor den entsetzlichen Folgen der Laster Masturbation und Homosexualität gewarnt worden. Vermutlich waren Amerikaner zu sehr damit beschäftigt, Bären zu töten oder Eisenbahnen zu bauen, um sich Gedanken über derart lächerliche Gefahren zu machen. Englische Kritiker hingegen sahen es oft als ihre Aufgabe an, auf der Hut zu sein und skandalöses Betragen anzuzeigen – und sei es nur, weil sie wußten, daß es so häufig vorkam. Homosexualität war in literarischen Kreisen weit verbreitet, aber auf diskrete Weise. Das Problem bei *Dorian Gray* lag nicht darin, daß sie offen zutage trat, sondern daß die Anspielungen darauf so eindeutig waren, daß keinem gebildeten und belesenen Mann entgehen konnte, was hier los war.

Der *Daily Chronicle* bezeichnete den Roman als »Geschichte, die aus der leprösen Literatur der französischen Dekadenz geboren wurde«, als »Buch voller Gift, dessen Atmosphäre aufgeladen ist von den Pestgerüchen moralischer und geistiger Verwesung«. Gut, mag man erwidern, genau darum geht es, oder? Aber das war es nicht. Es ging darum, daß der Roman die Anziehungskraft solcher Laster gelten zu lassen schien, und sei es nur, um sie zu verdammen. Vermutlich entlastete er den Feind.

Und das tat er, das tat er. *Dorian Gray* mag hier und dort
für Ärger und Entrüstung gesorgt haben; in Oxford hingegen, dem traditionellen Ort der verfeinerten Homosexualität, sorgte er für Begeisterung. Der Hohepriester des
Ästhetizismus, Wildes Oxforder Mentor Walter Pater,
hatte es abgelehnt, die Zeitschriftenfassung des *Dorian
Gray* zu besprechen, weil es ihm gefährlich erschien; die
Buchfassung jedoch beeindruckte ihn ungemein. Er
nannte sie eine »anschauliche, wohlreflektierte Entlar-
vung einer seelischen Korruption«. Der Dichter Lionel
Johnson gab ein Exemplar Lord Alfred Douglas, dem
jüngsten Sohn des Marquis von Queensberry, der wie
ehemals Wilde Student am Magdalen College war.

Es wäre nicht untertrieben zu sagen, daß Bosie, wie
man ihn nannte, sich in diesen Roman verliebte. Er las
ihn, nach seiner eigenen Aussage, neunmal hintereinander, obwohl andere Berichte behaupten, es seien vierzehn-
mal gewesen, wenn auch nicht am Stück. Zeitgenössische
Fotografien zeigen einen gelangweilten, schmächtigen,
eleganten blonden jungen Mann, in dessen Gesicht sich
Arroganz und Aufsässigkeit verbinden und dessen körper-
liches Erscheinungsbild sowohl Sinnlichkeit als auch un-
terdrückte Spannung andeutet. Keines der erhaltenen Fotos deutet auf einen glücklichen jungen Mann hin, aber
vielleicht war das nicht das Bild, das er von sich zu entwerfen suchte. Er war rücksichtslos und völlig verzogen.
Seine männlichen Freunde sahen ihm so etwas wie Schönheit, und er war es gewohnt, zu bekommen, was er wollte.
Und er wollte Oscar Wilde treffen.

Geschmeichelt durch Bosies Stellung und durch Erzählungen über seine Schönheit neugierig gemacht, un-

terhielt Wilde bald darauf Lord Alfred Douglas in seinem Haus in der Tite Street und widmete seinem Gefolgsmann ein auf den 1. Juli 1891 datiertes Exemplar aus der limitierten signierten Ausgabe des *Dorian Gray*. (Ich bin mir nicht sicher, was dieses wert sein könnte, doch es ist eines der vollkommensten Bücher, das man sich vorstellen kann. Ich würde zuversichtlich 60 000 Pfund dafür bezahlen und wäre mir eines Gewinns sicher.)

Obwohl Wildes Ehe mit Constance als glücklich galt und er seine beiden Söhne hingebungsvoll liebte, war er zu dieser Zeit ein aktiver Homosexueller, der fünf Jahre zuvor von Robert Ross in Oxford verführt worden war. Seit einigen Jahren unterhielt er eine Beziehung mit John Gray, dessen Name Dorian bekam. Aber mit Bosies Erscheinen trat ein richtiger Dorian in sein Leben, einer, dessen Selbstbild durch Wildes Roman bestätigt und akzentuiert worden war. *Das Bildnis des Dorian Gray* wurde für Bosie ein Drehbuch, analog dazu, wie Dorians Leben unwiderruflich durch das gefährliche französische Buch verändert wird, das ihm der zynische Lord Henry Wotton gibt.

Oscar sollte Bosies Mentor und sein Geliebter werden, und Bosie war dazu bestimmt, den willigen Oscar in die Zerstörung zu führen – ein perfektes Beispiel für ein Leben, das die Kunst imitiert. Wie es der Künstler Basil Hallward in Gedanken formuliert, der Dorian getroffen und sein Porträt gemalt hat:

»Ich bin stets mein eigener Herr gewesen; zumindest war ich es immer, bis ich Dorian Gray begegnete ... Irgend etwas schien mir zu sagen, daß ich am Rande einer furchtbaren Krise in meinem Leben stand. Ich hatte das sonderbare Gefühl, daß das Schicksal erlesene Freuden und erlesene Leiden für mich bereithielt.«

Wäre es nicht eine so traurige Angelegenheit, würde einen die Perfektion der Symmetrie entzücken.

Wir wissen, was danach geschah: Wildes Blüte und Vormachtstellung unter Douglas' Einfluß – der wütende Besuch des Marquis von Queensberry, der seine Visitenkarte an Wilde, den »Sodomiten«, adressierte – Wildes Gerichtsklage auf Douglas' Drängen hin – die drei Verfahren und Wildes Einkerkerung – die unglücklichen letzten Jahre des Exils bis zu seinem traurigen Tod im November 1900 in einem Pariser Hotelzimmer. Die Geschichte ist so bekannt, daß man sie für unausweichlich hält, aber praktisch von Anfang an war allen in Wildes Umfeld – und sogar ihm selbst – klar, daß seine verrückte Hingabe an Bosie in eine Katastrophe münden könnte.

Bei den Gerichtsverhandlungen von 1895 nahm die Staatsanwaltschaft *Das Bildnis des Dorian Gray* als Beleg für Wildes Unmoral. Sir Edward Carson, der mit Wilde in Irland zur Schule gegangen war, behauptete, daß *Dorian Gray* ein Buch sei, von dem bewiesen werden könne, daß es die Laster propagiere, derer man Wilde anklage. Eine krude Gedankenführung, die – obwohl sie ironischerweise stimmte – Wilde im Zeugenstand dazu brachte, Hackfleisch aus seinem Gegner zu machen. Für ihn war es ein Heimspiel, denn über die Fragen, wie Leben und Kunst zusammenhingen, hatte er sich grundlegende und äußerst eloquente Gedanken gemacht. Immer wieder ließen seine perfekt formulierten Widerlegungen

Carson als Idioten erscheinen. Als Replik auf Carsons Vorwurf, daß der Roman pervers sei und zur Perversion verleite, antwortete Wilde herablassend, daß ein solcher Schluß nur Rohlingen und Analphabeten einfallen könne. Die Ansichten von Philistern über die Kunst seien von unberechenbarer Dummheit.

Nicht von solcher Dummheit, mag man denken, wie so etwas in einem Gerichtssaal zu sagen, in dem eine Gruppe von genau solchen Philistern über ein Urteil zu befinden hatte. Doch Oscar konnte nie auf einen klugen Spruch verzichten; dieser Versuchung gab er am liebsten nach – wie er es in einem Brief an Conan Doyle einräumte:

»Um einer Sentenz willen pfeife ich auf die Wahrscheinlichkeit; einem Sinnspruch zuliebe trete ich die Wahrheit mit Füßen. Die Zeitungen scheinen von Lüstlingen für Philister geschrieben zu werden. Ich kann nicht verstehen, wie man *Dorian Gray* als unmoralisch ansehen kann.«

Doch Oscar entsagte der Wahrheit bei den Verhandlungen ziemlich umfassend und wurde in der Folge als jemand dargestellt, der unnatürlichen Lastern mit ausgesuchten Callboys nachging. Aber keiner dieser Partner, die Oscar freundlich behandelte, erwies ihm einen schändlicheren Dienst als der schreckliche Bosie. Selbst als sich der erniedrigte und gedemütigte Oscar für seine letzten Jahre nach Frankreich schlich, wurde er von Bosie verfolgt, und er nahm idiotischerweise wieder Verbindung mit ihm auf, was die so leidensfähige Constance dazu veranlaßte, ihm endgültig ihre finanzielle Unterstützung zu entziehen. Bis zum Schluß blieb der arme dumme Oscar bei seinem schönen jungen Mann, selbst als er erkannt hatte, welche Vergiftung seines Geistes darin lag. Die Geschichte ist zu freundlich zu ihm gewesen; er, vor allen anderen, hätte es besser wissen müssen. Die Schlußfolgerung läßt sich kaum vermeiden, daß Oscar Wilde, wie reizend er auch gewesen sein mag, ein verdammter Narr war. Es ist schwer zu sagen, was man von Verrücktheit in diesem Ausmaß halten soll; sie hat etwas ungemein Theatralisches an sich. Wie hätte man Oscars trauriges Los verhüten können, wo er es sich so leichtfertig ausgesucht zu haben scheint? Man mag daraus folgern, daß Charakter Schicksal ist, oder aber wenigstens, daß verletzliche Romantiker Abendessen mit amerikanischen Verlegern meiden sollten. Man weiß nie, wohin sie führen.

Unterwegs

Bei einer Auktion neulich sorgte ein Gegenstand für ziemlichen Aufruhr: eine knapp 40 Meter lange und 20 Zentimeter breite Rolle Telexpapier, die mit grauschwarzen Zeichen bedruckt war und aus einer gewissen Entfernung aussah wie eine Installation, die der gemeinsamen Phantasie von Cy Twombly und Richard Long entsprungen war. Sein Schöpfer – von Norman Mailer »Aktionsmaler« genannt – beschrieb seine Methode als »skizzieren« und verstand sein Objekt als »einer Straße gleich«, was es aus jener gewissen Entfernung auch eindeutig war. Diese Formulierung hätte natürlich kaum treffender sein können, denn die Schriftrolle war in Wirklichkeit ein langgestrecktes literarisches Manuskript, das von Jack Kerouac in sechs koffeinreichen Wochen des Jahres 1951 geschrieben und sechs Jahre später als *Unterwegs* veröffentlicht worden war.

Tatsächlich war an *Unterwegs* jedoch sehr lange gearbeitet worden. Wie Kerouac in einem Brief an den Helden des Buches, Neal Cassady (Sal Paradise im Roman), erklärte, waren das Thema:

»… Mädchen, Gras etc. Die Geschichte handelt von dir und mir und der Straße. Wie wir uns 1947 erstmals trafen, die ersten Tage, Denver 1947 etc. Der Trip im Hudson 1949, der Sommer in dem merkwürdigen Plymouth und dem 110-Meilen-Caddy und Chicago und Detroit. Und zuletzt der Trip nach Mexiko. Die Handlung, wenn es eine gibt, dreht sich um deine Entwicklung vom jungen Gefängniskid zum späteren (und gegenwärtigen) Heiligen à la W. C. Fields ... Ich habe jetzt die ganze Straße erzählt. Ging schnell, weil die Straße schnell ist.«

Kerouac begann mit der Arbeit am Roman 1948, schrieb ihn einmal komplett um, verfaßte dann den langen Entwurf auf dieser einen Papierrolle und bastelte sechs Jahre weiter an dem Resultat herum, sechs Jahre, die es brauchte, einen Verleger dafür zu finden (und in denen er zwölf weitere Bücher schrieb). Trotz des Erfolges, den er 1951 mit seinem verhältnismäßig konventionellen Debütroman *The Town and the City* hatte, waren die Verleger wegen der unkontrollierten Hyperaktivität des neuen Werkes zurückhaltend. Es war schwer, diese jugendliche Entdeckungsreise mit irgend etwas anderem zu vergleichen.

»»Mensch, du, es gibt so viel zu tun, so viel zu schreiben. Wie soll man überhaupt *anfangen,* das alles zu Papier zu kriegen – ohne modifizierte Einschränkungen und ganz frei von literarischen Hemmungen, grammatikalischen Ängsten und solchen Dingern!‹ ... Ich nahm in der wilden, singenden, sprühenden Luft von Nebraska einen kräftigen Schluck. ›He, wir fahren los!‹... Ich sagte mir: Junge! Wie wird erst *Denver* sein!«

Die Verwendung der Ausrufezeichen legt die kindliche Ausgelassenheit eines Comics nahe – »Donnerwetter, Mensch! Batman!« – und weniger die Prosa eines ernst-

haften Romans. »Denver!« – man mußte schon eine
ernsthafte Überdosis Adrenalin im Blut haben, um dem
Denver von 1947 einen derartigen Kick abzugewinnen.

Die Themen des Buches entsprachen der spontanen
Direktheit seiner Prosa: bekifft, betrunken, flachgelegt
werden, einfach irgendwo irgendwas werden. Und doch
gab es strenggenommen kein Ziel für diese Reise. Kerouac mußte bekanntlich nirgendwohin, hatte kein Zuhause außer bei seiner geliebten Mama MéMere, für die
er zeitlebens ihr Jean blieb.

Ich habe zur Zeit einen langen Brief Kerouacs an seine
Mutter in meinen Beständen, der klarmacht, daß er,
wenn er sich jemals niederlassen würde, dies nur mit ihr
täte. Verfaßt in San Luis Obispo im April 1953, rühmt
er in dem Brief die Schönheiten Kaliforniens und schlägt
seiner Mutter vor, zu ihm zu kommen. San Luis Obispo
habe, schwärmt er, zwei (!) Fernsehsender und ein großartiges Klima:

»Das Beste für uns wird, glaube ich, sein, mit einem
Wohnwagen anzufangen, für etwa ein Jahr lang, nur
für den Anfang … Denk dran, du mußt aufhören, wenn du genug hast, wir müssen hier nur mit
einem Wohnwagen den Anfang machen, mit einem alten Wohnwagen. Der Rest kann später kommen – du
wirst sehen, ich habe recht – du wirst sehen, ich habe
recht.«

Dieser kleine deprimierende Brief läßt weder erahnen,
was für ein außergewöhnliches Leben er damals führte,
noch welch breit gefächerte erotische Möglichkeiten sich

ihm boten. Vermutlich hätte sich sein Lebensstil nicht einmal verändert, wenn er mit seiner Mutter in einem Wohnwagen gelebt hätte. Er erschien bei ungezählten Frauen und regelmäßiger bei Burroughs, Carl Solomon, Cassady, Ginsberg – der berüchtigten Literatengruppe, die sich um ihn scharte. Er kam zu Besuch, blieb, bis er genug von ihnen hatte (oder umgekehrt), und zog weiter, wobei er sich mit Gelegenheitsarbeiten über Wasser hielt und schrieb und schrieb, die ganze Zeit.

Es war die Reise, die zählte, das Aufzeigen und Überschreiten von Grenzen, die unaufhörliche Suche nach Neuem. Das Ziel war ein inneres, erhöht durch Zechereien und Nachdenken, immer auf der Suche nach dem sagenumwobenen Moment völliger Bewußtheit und Harmonie. *Unterwegs* hieß ursprünglich *Die Beat Generation,* ein Titel, der Rhythmus, Aggression und Erschöpfung zu konnotieren schien. Später bestand Kerouac jedoch darauf, daß er nur nach einer Kurzform für »beatific« – »glückselig« gesucht habe. Bald darauf prägte ein Journalist vom *San Francisco Chronicle* den Ausdruck »Beatnik« (nach »Sputnik«, klar?), den Kerouac nicht ausstehen konnte und der sich prächtig durchsetzte.

Das Manuskript wurde überall abgelehnt. In manchen, wie dem weitblickenden Robert Giroux, fand es Fürsprecher, doch die meisten Verlage interessierten sich nicht dafür. Verleger sind natürlich ein notorisch ängstlicher Trupp, aber auch Kerouacs Freunden gefielen die frühen Entwürfe des Buches nicht, nicht einmal Ginsberg. Obwohl er sich über die Art des Projekts begeistert zeigte, waren seine Vorbehalte so grundlegend, daß sie die Aufrichtigkeit seines Lobes zu untergraben schienen.

»Ich sorge mich um das ganze Buch. Es ist verrückt und nicht nur auf inspirierte Art verrückt, sondern konfus verrückt … verrückt in einer schlechten Weise und *muß* – ästhetisch und auf die Veröffentlichung bezogen – zurückgezogen werden, neu konzipiert. Ich kann mir niemanden vorstellen, weder New Directions noch irgend jemanden in Europa, der es so herausbringen würde. Keiner wird das tun, keiner.«

Kerouac war am Boden zerstört und fühlte sich bis ins Innerste verraten. Seine Antwort nahm keinerlei Rücksichten:

»Ich verstehe jetzt, warum es groß ist und warum du es haßt … Du bist ein Ungläubiger, ein Hasser, dein Kichern täuscht mich nicht, ich höre das Knurren darunter. … Pfeif deine Hunde zurück … Ich hoffe, er gräbt ein Messer in dich … laß mich in Ruhe … und nimm mir nie wieder das Licht.«

Malcolm Cowley, einer der großen Entdecker und Förderer literarischen Talents, war es, der schließlich die Qualitäten des Buches erkannte und es dem Viking Verlag empfahl. Zuerst aber, so Cowley, müßten Ausschnitte des Textes in Zeitschriften veröffentlicht werden, um die Leser an Kerouac zu gewöhnen. Und der Text benötige, wie er streng hinzufügte, eine ernsthafte Überarbeitung:

»Wie ein riesiges Pendel wurde der Leser zwischen der Ostküste und der Westküste hin- und hergeworfen. Ich dachte, daß einige der Trips zusammengezogen werden sollten; Kerouac stimmte zu und erledigte das. Alle meine Änderungsvorschläge waren umfangreich, meist ging es um Streichungen. Ich sagte ihm: Warum dampfst du es nicht auf zwei oder drei Trips ein und bewahrst deren Stimmung?«

Als das Buch am 5. September 1957 endlich herauskam, wurde es *das* Thema in New York – und was Literatur angeht, ist das Thema in New York auch das Thema in ganz Amerika. Dabei half das Glück kräftig mit. Die *New York Times,* eine Zeitung, die viel von dem aufzeichnet und mitbestimmt, was in New York gedacht und gefühlt wird, veröffentlichte eine begeisterte Besprechung von Gilbert Millstein. *Unterwegs,* schrieb er, sei ein »authentisches Kunstwerk« und dessen Veröffentlichung ein »historisches Ereignis«.

> »*Unterwegs* ist tatsächlich die schönste, klarste und wichtigste Äußerung, die bis zu diesem Zeitpunkt von jener Generation gemacht wurde, die Kerouac selbst vor Jahren ›Beat Generation‹ nannte und deren wichtigster Repräsentant er ist. Genau so, wie es *Fiesta* mehr als jedem anderen Roman der zwanziger Jahre gelang, als Testament der ›Lost Generation‹ angesehen zu werden, scheint es sicher zu sein, daß *Unterwegs* zum Buch der ›Beat Generation‹ werden wird.«

Jeder hatte es eilig, das Buch zu kaufen, und keiner verschwendete auch nur einen Gedanken an die offenkundige Frage: Wer zum Teufel war Gilbert Millstein? Der konservative und mürrische Orville Prescott, der üblicherweise die Kritiken für die *New York Times* schrieb, hätte ein solches Buch normalerweise nicht besprochen. Doch er hatte frei und tobte, als er zurückkam. Millstein hat nie wieder ein Buch für die *New York Times* rezensiert.

Millsteins Kritik gewährleistete, daß *Unterwegs* bemerkt wurde – was in New York am wichtigsten ist –, doch nicht, daß man es bewundern würde. Eine heftige Debatte folgte. In einem vielzitierten Ausspruch nannte Capote es »getippt und nicht geschrieben«. John Updike parodierte es im *New Yorker,* und Norman Mailer nannte Kerouac – in *Reklame für mich selber* – »sentimental wie einen Lutscher« und »anmaßend wie eine reiche Hure«. Das tat ihm später leid, und er erklärte seinen übellaunigen Angriff als Reaktion eines Autors, der durch das Auftauchen von etwas ganz Neuem verunsichert war: »Ich las das Buch mit sinkendem Mut. Wir lagen damals in heftigem Wettstreit. Ich dachte: Mist, dieser Kerl hat es geschafft. Er war da, lebte es einfach, und ich war ein Intellektueller, der darüber schrieb.«

Das alles machte nichts: Wenn Truman Capote, John Updike und Norman Mailer über einen diskutierten, war man ein gemachter Mann. Nur zwei Wochen nach Erscheinen wurde das Buch nachgedruckt, und eine dritte Auflage folgte sofort darauf. Für den kurzen Zeitraum von fünf Wochen schaffte es das Buch sogar auf die Bestsellerliste der *New York Times.* Kerouac hatte dem ominösen Gilbert Millstein viel zu verdanken. Millstein selbst erinnerte sich: »Er machte kein Geheimnis daraus. Er legte den Arm um mich und sagte: ›Das ist Gilbert Millstein – er hat mich gemacht.‹«

Aufgrund dieser einzelnen Zufallsbesprechung in der *New York Times* hatte Amerika von der »Beat Generation« gehört, und Kerouac galt als ihr Sprecher. Er haßte das und schrieb: »Ich werde von wohlmeinenden Bewunderern zerstört. Sie haben keine Vorstellung davon, wie sie mir zahlenmäßig überlegen sind. Dieser ganze Enthusiasmus. Und die Post türmt sich mittlerweile mit lauter Anfragen von überallher, darunter wahnsinnige 10 000-Wort-Briefe von irgendwelchen Mädchen, die versuchen, im Untergrundstil zu schreiben.«

Es war klar, daß der gutaussehende, wunderbar zwielichtige Kerouac zu denen gehörte, vor denen man seine Töchter schützen mußte, und er wurde prompt und öffentlich geschmäht. *Time Magazine,* diese traditionelle Stimme der amerikanischen Mittelschicht, erklärte das Buch für hedonistisch und degeneriert, prangerte seine Mißachtung gesellschaftlicher Sitte und Moral an und war abgestoßen von seinen »dionysischen Festen«. *Unterwegs,* folgerte man, sei sowohl gefährlich als auch subversiv. Folglich wurde es von intelligenten jungen Leuten in ganz Amerika gierig verschlungen, die darin nicht nur ein neues Spektrum von Versuchungen entdeckten, sondern auch etwas Positives und Reines. So wie es Kerouac später beschreiben sollte: »Es ist ein Bild gutherziger Kinder, deren Seele leidet und die aus Verzweiflung wilde Sachen tun.«

Die Literatur der fünfziger Jahre war viel radikaler als diejenige, die das scheinbar subversivere Jahrzehnt der Sechziger hervorbrachte. *Der Fänger im Roggen* (1951), *Das Geheul* (1955), *The Naked Lunch* (1955) oder *Unterwegs* (1957) erfaßten Regionen der Unzufriedenheit, die das friedliche Nachkriegsamerika zutiefst schockierten, jenes Land, das kaum mehr wollte als ein neues Haus im Vorort, einen sicheren Job, ein schickes Auto, einen vorzeigbaren, angenehmen Partner und brave Kinder.

Die männlichen Autoren der Fünfziger lebten ein Leben, das man schwerlich nachahmen konnte und das für eine zugeknöpfte (»schweigende«) Generation von Youngstern zu früh kam. Im Gegensatz dazu lud die Literatur der Sechziger – man denkt an Kesey, Vonnegut oder Tom Wolfe – die Jungen ein, rauszukommen und am Spaß teilzuhaben. Es ging um *dich* – wer du sein konntest, wenn du dich nur darauf einließest und zugleich einstiegst und ausstiegst.

Die Welt der Beatniks war dagegen weniger bequem, fremder und gefährlicher, bevölkert von Geistesgestörten, Drogenabhängigen, Schwulen, Kriminellen – viele darunter, die verteufelt schlau waren und denen es scheißegal war, was andere Leute dachten. Das waren keine Hippies, bloße Konsumenten eines neuen Stils und einer neuen Kultur. Man konnte sich nicht einfach die Haare wachsen lassen, die Kleidung austauschen und ein paar simple neue Ideen und Gewohnheiten auflesen. Es gab keine Stile, keine Regeln und keine Rollenmuster.

Als Allen Ginsberg behauptete, er habe gesehen, wie die besten Köpfe seiner Generation zerstört wurden, bezog er sich nicht auf jene entschieden ungebrochenen Professoren, die ihn an der Columbia University begleitet hatten, auf Lionel Trilling oder Jacques Barzun. Stattdessen dachte er an jemanden wie zum Beispiel Carl Solomon, dem er in einer psychiatrischen Anstalt begegnet war und der fest davon überzeugt war, eine Figur aus

einem russischen Roman zu sein. Oder an den heroin-
süchtigen William Burroughs oder den verrückten Neal
Cassady, den verhinderten Dichter von San Francisco.
Kerouac war es, der im Zentrum dieser zusammenge-
würfelten Gruppe stand, und in *Unterwegs* haben viele
von ihnen überlebt. Heute verkauft sich der Roman
125 000mal im Jahr, und die Gesamtabsatzzahl nähert
sich der 4-Millionen-Grenze.

Als jene 40 Meter lange Manuskriptrolle am 22. Mai
2001 auktioniert wurde, stellte Christie's sicher, daß es
genügend Wirbel gab. Schließlich erleiden Manuskripte
von Autoren des 20. Jahrhunderts in der Regel ein bekla-
genswertes Schicksal bei Auktionen. Ich kann mich an
kein einziges Manuskript von einem lebenden Autor erinnern, das 100 000 Pfund eingebracht hätte, und die
Rekordsumme für ein Manuskript aus dem 20. Jahrhundert erzielte Kafkas *Prozeß* mit einer Million Pfund. (Immer noch billig, wie mir scheint, denn für dieses Geld bekommt man nicht einmal einen schlechten Jasper
Johns.) Folglich überschlug sich die Publicitymaschine
von Christie's: Die großen Tageszeitungen und Zeitschriften halfen, mögliche Käufer anzuziehen, und die
Auktion wurde im Fernsehen und im Radio übertragen.
Der Käufer – für 2,43 Millionen Dollar – war schließlich
ein gewisser James Irsay, der in der Welt der Bücher-
sammler ein Unbekannter war, sich aber eine gewisse Berühmtheit als Eigentümer des Footballteams der India-
napolis Colts erworben hatte. (Ein netter Zufall will es,
daß Kerouac ein begabter Footballspieler war, der für die
Columbia University spielte, bis er sich entschloß, die
Sache an den Nagel zu hängen. Als Begründung gab der

Trainer an: »Kerouac ist müde.«) Irsay, der beabsichtigte, das Manuskript in einer Art Wiederaufführung von *Unterwegs* mit dem Auto durch ganz Amerika zu kutschieren, gab sich bescheiden angesichts seines Kaufes, dessen Preis er für ganz vernünftig hielt: »Ich sehe es als Patenschaft. Ich glaube nicht daran, daß einem etwas gehört. Alles wird in dieser Welt zu Staub.«

In der Zwischenzeit hütet er das fragile Manuskript hoffentlich unter sorgsam regulierten archivalischen Bedingungen; andernfalls werden seine Worte schneller wahr, als er für möglich hält.

Ulysses

Dennis Silverman, ein Spieler, Schlemmer und Bonvivant, war eine imposante Gestalt von etwas über 190 Kilo, ein liebenswerter Kerl mit dem Akzent und dem Auftreten eines Straßenverkäufers aus Brooklyn. Ihm unterstand die New Yorker Zweigstelle einer gewerkschaftlichen Pensionskasse, was vielleicht die Erklärung für die riesigen Bündel von 100-Dollar-Scheinen war, die er in seinen großen Anzugtaschen mit sich herumtrug und die er gern ausgab. Er wurde schließlich wegen Betrugs angeklagt, war aber zu krank für die Verhandlung und starb 1995 in Florida. Er besaß die beste James-Joyce-Sammlung seiner Generation.

Auf antiquarischen Messen, auf denen er sich irrtümlicherweise von edlen und gebildeten Menschen umgeben glaubte, fühlte er sich unsicher und neigte dazu, Zehntausende von Dollars schnell, aber geschickt auszugeben. Danach hielt er nach einem geeigneten Begleiter für das Abendessen Ausschau. Eines Tages – irgendwann in den Achtzigern – traf es mich. Bei einem üppigen chinesischen Mahl, an einem Achtertisch, der groß genug war für die Entenschar, die er zu verzehren gedachte, erzählte er mir stolz vom Umfang seiner Sammlung.

»Ich habe tolle Sachen. *Das Porträt des Künstlers,* mit einer Widmung von Joyce für Harriet Weaver. Die *Dubliners,* seiner Schwiegermutter gewidmet. Und den *Ulysses* für Margaret Anderson.«

Nun sind das mächtige Bücher, und ich war nicht so dumm zu glauben, daß Dennis nicht in der Lage war, sie wirklich zu schätzen. Er war ein schlauer Kerl, agierte clever auf dem Buchmarkt und kaufte nur das Beste. Ob er viel über die Inhalte wußte, stand auf einem anderen Blatt.

»Aber Dennis«, fragte ich, »haben Sie die Sachen auch gelesen?«

Er schien schockiert. »Ich habe die *Dubliners* gelesen!« sagte er entschieden.

»Was halten Sie davon?«

Er war enttäuscht, eine so dämliche Frage von mir zu hören »Ein Meisterwerk!« sagte er. »Danach habe ich das *Porträt* gelesen.«

»Und?«

»Wie meinen Sie das? Es ist wundervoll!«

Offensichtlich machte dieser Kerl keine Witze.

»Was halten Sie von *Ulysses*?« fragte ich ihn.

»Ich bin bei Kapitel 4«, sagte er und sah ein wenig unsicher drein.

»Und?«

»Ich mag die Details nicht.«

Obwohl ich das Buch viele Male gelesen habe und es dementsprechend verehre, konnte ich das nachfühlen. So wie es Dr. Johnson in einem anderen Zusammenhang formulierte: Niemand hat sich den Roman je länger gewünscht, als er ist. Seit seiner Veröffentlichung 1922 die heilige Domäne von Akademikern und Exegeten, wird der *Ulysses* überall bewundert, aber selten geliebt. Daß es das unbestrittene literarische Meisterwerk des 20. Jahrhunderts ist, erinnert uns nur daran, was für eine unbefriedigende Kategorie »Meisterwerk« sein kann.

»Ach, Dennis«, sagte ich teilnahmsvoll, »es geht immer um Details.«

»Ich weiß«, erwiderte er traurig. »Möchten Sie noch was von diesen Enten da?«

Dennis erwarb sein *Ulysses*-Exemplar für 35 000 Dollar, als 1986 die Bücher des verstorbenen James Gilvarry verkauft wurden. Damals schien das viel Geld zu sein, doch es handelte sich nicht nur um eines der hundert von Joyce signierten Exemplare; er hatte es auch mit einer persönlichen Widmung versehen. Ich weiß nur von einem einzigen anderen Exemplar in privaten Händen, das Signatur und Widmung hat.

Wie alle Werke Joyces entwickelte sich der *Ulysses* über einen langen Zeitraum hinweg. Die ursprüngliche Idee geht zurück auf 1906, als Joyce seinem Bruder Stanislaus von einer Kurzgeschichte erzählte, die von einem Juden aus Dublin handeln sollte, dessen Frau ihm untreu ist – eine Vorwegnahme von Leopold Bloom, des Protagonisten des *Ulysses*. Auch wenn sie noch nicht geschrieben war, beabsichtigte Joyce, die Geschichte in die *Dubliners* aufzunehmen (die schließlich 1914 erscheinen sollten).

Im selben Jahr begann Joyce erstmals ernsthaft am *Ulysses* zu arbeiten. Die Idee war zugleich einfach und unendlich komplex: Erzählt wird die vollständige Geschichte eines einzigen Tages im Leben Leopold Blooms, eines Handelsreisenden, dessen Irrfahrten und Prüfungen am 16. Juni 1904 in Dublin diejenigen jenes anderen Helden des Exils, Odysseus höchstpersönlich, spiegeln sollten. Die Methode, die später etwas mißverständlich als »Bewußtseinsstrom« bezeichnet wurde, gewährt einen unzensierten und vermeintlich unmittelbaren Zugang zu den sekündlich wechselnden Wahrnehmungen des Helden – und ebenso zur Gedankenwelt von Stephen Dedalus, der zuerst 1916 im *Porträt des Künstlers als junger Mann* auftaucht, und der von Blooms Frau Molly.

Joyce war klar, daß das Buch von Anfang an auf enzyklopädische Weise ambitioniert war und daß es Jahre dauern würde, bis es fertig wäre: »Es ist mir unmöglich, diese Episoden schnell zu schreiben. Die benötigten Elemente werden nur zusammengehen, wenn sie längere Zeit miteinander verbracht haben. Ich gestehe, daß das ein ungemein ermüdendes Buch ist, aber es ist das einzige, das ich zu schreiben gegenwärtig in der Lage bin.« Doch während die Elemente still miteinander zusammengingen, mußte gegessen werden, und trotz der Großzügigkeit seiner Mäzene war Joyce immer knapp bei Kasse. Er sah es als sein Recht an, gut zu leben, und je mehr Geld er bekam, desto mehr gab er aus.

Die Lösung kam von Ezra Pound, dessen Enthusiasmus und redaktionelle wie unternehmerische Energie Joyce ebenso großzügig zur Verfügung standen wie Eliot oder Hemingway. Pound schlug vor, einzelne Kapitel des Buches – die nach ihren homerischen Vorbildern betitelt waren und »Episoden« genannt wurden – kleinen, modernistischen Zeitschriften zur Publikation anzubieten. Sie wurden oft von Besitzern, die finanziell unabhängig waren, betrieben, und einige von ihnen zahlten erstaunlich großzügig.

Joyces vorangegangene Bücher hatten beide unter Zensoren und Bedenkenträgern gelitten, und sollte sein Meisterwerk je das Licht der Welt erblicken, dann nur durch private Unterstützung: durch die Finanzierung und durch die praktische Ermöglichung der Publikation. In beiderlei Hinsicht sollte Joyce auf weibliche Verleger vertrauen, die leidenschaftlich an ihn glaubten und darauf vorbereitet waren, die Konsequenzen zu tragen, die die Herausgabe eines solch kontroversen und eindeutigen Werks nach sich ziehen konnte. Intelligente Frauen waren damals in sexuellen Belangen weit weniger zartbesaitet, als man vermuten würde (oder vermutet hat). Ohne die Unterstützung von Margaret Anderson, Harriet Weaver und Sylvia Beach hätte es womöglich keinen *Ulysses* gegeben; zumindest wäre sein Erscheinen um viele Jahre hinausgezögert worden.

Im März 1918 schickte Pound eine Episode an Margaret Anderson und Jane Heap von der *Little Review*. Anderson war sofort hingerissen: »Das ist das Schönste, was wir je bekommen werden. Wir drucken es – und wenn es das Letzte ist, was wir in unserem Leben leisten.« In den nächsten Jahren erschienen regelmäßig Teile des *Ulysses* in der Zeitschrift. Im Januar 1920 allerdings wurde die Ausgabe, die die Episode »Zyklopen« enthielt, wegen obszöner Darstellungen vom amerikanischen Zoll beschlagnahmt. Ungeachtet dieser Zensurschikanen veröffentlichte Anderson in den folgenden Monaten weitere Stücke aus dem *Ulysses*.

Bei dem folgenden Prozeß gegen die Zeitschrift im Februar 1921 drang der Richter darauf, daß Margaret Anderson den Gerichtssaal verlassen solle, wenn die angeblich obszönen Stellen vorgetragen würden. »Ich bin mir sicher«, sagte er galant, »daß ihr die Bedeutung dessen, was sie publizierte, nicht bewußt war.« So unerträglich sein Ton auch war, hatte er nicht ganz unrecht. Natürlich hatte sie gelesen, was sie veröffentlicht hatte, doch woher solle *sie* wissen, fragte sie ihren Anwalt, den Buchsammler John Quinn, wann der rechtliche Tatbestand der Unsittlichkeit vorliege? Als vorsichtiger Anwalt räumte er ein, daß er es auch nicht wisse, daß sie es aber künftig nicht darauf ankommen lassen solle. (Später kaufte er Joyce das Manuskript für 5000 Dollar ab.)

Zur gleichen Zeit sagte eine ähnlich unerschrockene Verlegerin – Harriet Weaver – zu, 50 Pfund für das Recht zu bezahlen, einzelne Episoden in ihrer Londoner Zeitschrift *The Egoist* herauszubringen – mit der Absicht, zu einem späteren Zeitpunkt das komplette Buch zu veröffentlichen. Sie hatte 1917 bereits *Ein Porträt des Künstlers als junger Mann* herausgebracht und hegte die wenig überzeugende Idee, Joyces neues Werk unter dem Titel *Ein Porträt des Künstlers* zu veröffentlichen. Obwohl *The Egoist* fünf Episoden publizierte, konnte Harriet Weaver keine Druckerei finden, die bereit war, den Auftrag für das gesamte Buch zu übernehmen. Drucker und Verleger fürchteten es gleichermaßen: Sowohl Huebsch, Boni und Liveright in Amerika als auch die Hogarth Press in England lehnten es ab. (Virginia Woolf schätzte, daß ein professioneller Setzer allein zwei Jahre gebraucht hätte, um es zu setzen.)

Da *Ulysses* als »work in progress« weite Kreise zog, packte es ein internationales Publikum gebildeter Leser, lange bevor es überhaupt als Buch herauskam – ein schönes Beispiel dafür, wie die Tentakeln vor dem Tintenfisch erscheinen. Joyces Zeitgenossen reagierten – wie ihre Kommentare zeigen – so, als wäre der Roman ein Prüfstein, an dem sich ihr jeweiliger Charakter zu zeigen und zu bewähren hatte:

Gertrude Stein: »Aber wer war zuerst da, Gertrude
Stein oder James Joyce?«

Ernest Hemingway: »Joyce hat ein echt verdammt
großartiges Buch geschrieben.«

T. S. Eliot: »Um meiner selbst willen wünschte ich, ich
hätte es nicht gelesen.«

Virginia Woolf: »Das Buch eines Arbeiters, eines Autodidakten … eines überempfindlichen Studenten,
der seine Pickel ausdrückt.«

Ezra Pound: »Tja, Herr Joyce, ich denke, Sie sind ein
verdammt guter Schriftsteller, das denke ich. Das
können Sie mir ruhig glauben, ich muß es wissen.«

Joyce hatte mit einer Fackel in eine zuvor verschlossene
Innenwelt geleuchtet und auf diese Weise den Lesern ihr
eigenes Selbst offenbart. In den modernen literarischen
Zirkeln war *Ulysses* das am meisten diskutierte Werk der
Zeit – und noch immer gab es kein Buch.

Zu diesem kritischen Zeitpunkt tauchte Sylvia Beach
auf, eine junge Amerikanerin mit bescheidenen Mitteln,
aber großen Ambitionen, die den Buchladen Shakespeare and Company am linken Seineufer in Paris eröff-
net hatte. Sylvia Beach hatte nie zuvor ein Buch verlegt
und besaß kaum eine Vorstellung, wie man das machte.
Dennoch fragte sie Joyce ernsthaft: »Würden Sie Shakespeare and Company die Ehre erweisen, ihren *Ulysses* herauszubringen?« Joyce war beglückt und machte umge-
hend einen Vertrag, der ihm zwei Drittel des Gewinns
einbrachte. Sylvia Beachs Geschäftspartnerin Adrienne
Monnier machte sie mit dem Drucker Darantière in Dijon bekannt, der der ideale Mann für diese Aufgabe zu

sein schien, unter anderem (wenn es auch mühsam war) weil er kein Englisch sprach.

Seine Geduld und Sylvia Beachs Geldbörse wurden durch Joyces Art des Arbeitens aufs äußerste strapaziert: Sie beruhte auf langsamem und unaufhaltsamem Wachstum, wie ein Gletscher. Da er die Vorstellung nicht ertragen konnte, der Text könnte einmal fertig sein, hörte er nie auf, ihn zu überarbeiten. Der Umfang des *Ulysses* nahm um ein Drittel zu, als Joyce die Druckfahnen ergänzte, erweiterte und korrigierte. Darantière setzte alles neu, wobei er Joyces winzige Handschrift nicht immer akkurat entzifferte. Sylvia Beach verfolgte das Geschehen sorgenvoll und zahlte.

An Joyces Geburtstag am 2. Februar 1922 kamen die beiden ersten Exemplare des *Ulysses* aus Dijon an der Gare du Nord an, wo Sylvia Beach den Zug erwartete und die Exemplare in Joyces Wohnung brachte. Es war ein großer Tag in der Geschichte der Literatur. Joyce soll Nora sogleich ein Exemplar gewidmet haben, das diese bald an John Quinn verkaufte, aber da dieses Exemplar niemals aufgetaucht ist, stimmt die Geschichte vielleicht nicht.

Es dauerte einige Wochen, bis weitere Exemplare geliefert wurden und Sylvia Beach mit dem Verkauf beginnen konnte. Einige waren durch Subskription bereits vorab verkauft, weitere gingen schnell weg, sogar zu Preisen, die für die damalige Zeit hoch waren. Die 750 normalen Exemplare mit ihren ägäisblauen Umschlägen kosteten 150 Francs. Weitere 150 Exemplare, die mit Rücksicht auf die französische Vorliebe für »grands papiers« auf Vergé-d'Arches-Papier gedruckt worden waren, wurden mit 250

Francs ausgezeichnet. Und zu guter Letzt gab es 100 von Joyce signierte Exemplare für 350 Francs. Dennis Silvermans Exemplar (mit der Nummer 3) hatte Joyce bald der tapferen Margaret Anderson gewidmet.

Ulysses war kaum erschienen, da wurde es in England und in Amerika verboten. Doch der Verkauf lief weiter gut. Eine zweite, von der Egoist Press gedruckte Auflage von 2000 Exemplaren kam 1922 für zwei Guineen heraus – sehr zum Ärger von Sylvia Beach. Anscheinend hatte Harriet Weaver das Geld für den Druck der Shakespeare-Ausgabe beigebracht und fühlte sich berechtigt, für eine eigene Ausgabe dieselben Druckplatten und einen identischen Einband zu verwenden, der nur im Format ein wenig abwich. Joyce hatte der Entscheidung, diese günstigere Ausgabe herauszubringen, zugestimmt, doch Sylvia fühlte sich verraten. Sie hatte das Buch zu einem höheren Preis veröffentlicht, und Buchhändler, die ihre Ausgabe gekauft und sie noch in ihren Regalen stehen hatten, waren entsetzt darüber, so schnell eine billigere Ausgabe auf dem Markt zu sehen. Das Verhältnis zwischen Joyce und Sylvia Beach erholte sich davon nie mehr ganz.

Die dritte Auflage von 500 Exemplaren, die 1923 ebenfalls von der Egoist Press gedruckt wurde, beschlagnahmte und vernichtete der englische Zoll in Folkestone. Obschon behauptet wurde, es seien 499 Exemplare vernichtet worden, sind mir drei Exemplare untergekommen – eines davon im Originaleinband, zwei neu aufgebunden –, und drei weitere wurden ausfindig gemacht.

Das darauffolgende Jahrzehnt über mußte der *Ulysses* nach England und Amerika geschmuggelt werden, bevor er schließlich vom amerikanischen Zoll konfisziert wurde. 1933 wurde Klage wegen Obszönität erhoben; den Vorsitz hatte Richter John M. Woolsey vom Bundesbezirksgericht. In einem Urteil, das bemerkenswertes Verständnis für die Absichten und Methoden des Buches zeigte, schloß der Richter, daß er – so sexuell eindeutig der Roman auch sei – darin nirgendwo etwas Anzügliches entdecken könne. Seine Entscheidung, den *Ulysses* für amerikanische Leser freizugeben, war weitsichtig und klug, obwohl sie merkwürdig begründet war: »Obgleich viele Stellen des *Ulysses* beim Leser einen gewissen Ekel hervorrufen, neigt das Buch nirgendwo dazu, ein Aphrodisiakum zu sein. *Ulysses* kann deshalb in den Vereinigten Staaten zugelassen werden.« Das bedeutet von einem juristischen Standpunkt aus, daß ein Buch Brechreiz hervorrufen mag, aber nicht für eine Erektion sorgt, und damit ist alles in Ordnung. (Dies setzt sich in der amerikanischen Haltung bei der Zensur von Fernseh- oder Kinofilmen fort.)

Ich weiß nicht, ob Dennis Silverman den *Ulysses* jemals zu Ende gelesen und, wenn ja, ob er sich danach krank oder erregt gefühlt hat. Auf jeden Fall hat das Buch seinen Reichtum vermehrt: Als er es 1991 verkaufte, machte er einen Gewinn von satten 100 000 Dollar. Um Dennis willen bin ich ziemlich froh, daß er 2002 beim Christie's-Verkauf der Bibliothek von Roger Rechler nicht dabei war, als das zweite, unbedeutendere Widmungsexemplar aus der 100er Auflage (das Joyce dem obskuren Henry Kaeser schenkte) 460 000 Dollar einbrachte. Das war bei weitem der höchste Preis, der je für ein Buch des zwanzigsten Jahrhunderts erzielt wurde. So sollte es auch sein; es ist das größte Buch des zwanzigsten Jahrhunderts.

Joyce, der alles sah, wußte und vorwegnahm, sorgte sich, daß der *Ulysses* vom Tag seines Erscheinens Gefahr liefe, von der Bewunderung seiner Leser verdeckt zu werden. Daß der Roman mehr geschätzt denn gelesen würde – ein Vorgang, für den das Silverman-Exemplar das perfekte Beispiel ist. Als Joyces ergebener Gefolgsmann Stuart Gilbert ihm Ausschnitte der ersten Besprechungen zeigte, die – wenn auch nicht immer positiv – einmütig ergriffen waren, schien Joyce ein wenig enttäuscht. »Findet denn niemand, daß es lustig ist?« fragte er klagend. Die Antwort war: Nein, kaum jemand. Trotz des gesunden und fröhlichen Geistes, den Joyce darin sah, ist es kein Meisterwerk dieser Art, und es in eine Reihe mit, sagen wir, *Tristram Shandy*, *Don Quijote* oder *Huckleberry Finn* zu stellen, würde einem nicht recht behagen. Es stiftete zweifelsohne Joyces Ruhm, ebenso wie den einer ganzen Bibliothek von Wissenschaftlern, Herausgebern und Interpreten. Aber Dennis Silverman hatte in seiner schlichten Art recht: *Ulysses* laugt einen aus. Ich besitze und hüte ein Widmungsexemplar des *Ulysses* aus der 750er Erstausgabe, das in gutem Zustand bleiben wird, solange ich es nicht lese. Es zählt zu den angenehmen Seiten des vorgerückten Alters, daß ich nicht einmal die Versuchung dazu verspüre.

Söhne und Liebhaber

Der Romancier Dennis Wheatley, ein Thrillerautor, Satanist, Erotomane und Langweiler, war überraschenderweise Sammler von Erstausgaben. Der Blackwell-Katalog seiner Bibliothek von 1979 wies 2274 Einträge auf und schloß viele Bücher ein, die der Autor für seine Recherchen genutzt hatte; in nicht wenigen fanden sich großspurige Bleistiftvermerke wie »Von mir benutzt, als ich *Der Teufel rülpst zweimal* schrieb« oder ähnliche Zeugnisse äußerster Inflation des Selbst.

Einige der besten Bücher wurden indes verkauft, ehe der Katalog herauskam. Ich hatte das Glück, das allerbeste Stück zu erstehen: ein Exemplar mit Schutzumschlag der Erstausgabe von D. H. Lawrences *Söhne und Liebhaber*. Der Umschlag war wenig anziehend, und ein kleines Stück der Vorderseite fehlte. Es kostete 400 Pfund, was ziemlich viel war, aber in jenen Tagen war ich ein besonders passionierter Sammler, und das Buch wurde sofort das Prunkstück meiner nicht sehr bedeutenden Lawrence-Sammlung. Obwohl mir damals zu Ohren kam, daß es mehrere Exemplare mit Schutzumschlag gebe, gelang es mir nie, diese ausfindig zu machen. Es gehört zu den besonderen Merkwürdigkeiten des Handels mit modernen Büchern, daß der Schutzumschlag eines Buches zehnmal mehr – und mitunter noch mehr – wert sein kann als das Buch selbst. Bücher ohne Schutzumschlag werden als unvollständig angesehen, was ein bißchen lächerlich erscheint, geradeso, als handelte es sich um Chippendale-Stühle ohne Beine. Und dieser Schutzumschlag war nicht einmal besonders attraktiv, wenngleich er eine kurze Anmerkung aufwies, die man heute Lawrence selbst zuschreibt. Auf der Vorderseite steht:

>D. H. Lawrences neuer Roman umfaßt ein weites Feld: das Leben in einem Bergwerk, auf einer Farm, in einem Industriezentrum. Es geht um die gegensätzlichen Haltungen zweier Generationen zum Leben. Der Titel – *Söhne und Liebhaber* – verweist auf die konfliktreichen Ansprüche auf Vorherrschaft, die die Mutter und die Liebste eines jungen Mannes erheben.«

Der Klappentext ist auf geschickte Weise anspielungsreich, denn *Söhne und Liebhaber* nimmt in zweifacher Hinsicht einen besonderen Platz in der englischen Literatur ein. Es ist einer der frühesten Romane, dem die Psychoanalyse als Modell zugrunde liegt, und es ist der erste große Roman über das Leben der Arbeiterklasse, geschrieben von jemandem, der sich auskannte.

Lawrence wurde 1885 als Sohn eines Grubenarbeiters aus Nottinghamshire geboren, der eine Frau mit kleinbürgerlichem Hintergrund und Ehrgeiz geheiratet hatte. Als frühreifer junger Mann tauchte Lawrence in die Welt der Literatur ein und las viel und unersättlich. Es wäre falsch, ihn als eine Art seltsamen Autodidakten zu sehen. Eastwood war ein Ort mit einer lebendigen literarischen Kultur, und Lawrence erhielt eine erstklassige Schulbildung, die zu seiner Einschreibung am Nottingham University College führte, nachdem er das Zugangsexamen als Bester abgeschlossen hatte.

Nach seinem vorzüglichen Abschluß in Nottingham verbrachte Lawrence einige unglückliche Jahre als Lehrer in Croydon. Er veröffentlichte 1911 *Der weiße Pfau* und ein Jahr später *Auf verbotenen Wegen*, die wohlwollend aufgenommen wurden, aber ihm kein ausreichendes Einkommen sicherten, um davon zu leben. Für seinen ersten Roman hatte er einen Vorschuß von 50 Pfund erhalten, was eine ungläubige Reaktion seines Vaters hervorrief: »Und du hast in deinem Leben nicht einen Tag gearbeitet!«

Als Lawrence im März 1912 für einen kurzen Aufenthalt nach Eastwood zurückkehrte, besuchte er seinen Lieblingsprofessor Ernest Weekley, der mit einer jungen und ungemein attraktiven Frau verheiratet war, Frieda von Richthofen. Sechs Wochen später brannten Lawrence und Frieda, die ihre kleinen Kinder zurückließ, aufs europäische Festland durch. Er hatte das unvollendete Manuskript von *Söhne und Liebhaber* dabei.

Lawrence war nicht in der Lage gewesen, das Buch fertigzustellen. Es war gedacht als die Geschichte seines Erwachsenwerdens, doch weder das noch sein Roman waren problemlos vonstatten gegangen. In seiner Jugend hatte sich Lawrence zerrissen gefühlt zwischen dem erbitterten Ehrgeiz seiner Mutter und den damit konkurrierenden Ansprüchen seiner ersten Liebe Jessie Chambers, die ihm bei den ersten Fassungen des Textes geholfen hatte. Er war schließlich zu der Überzeugung gekommen, nie die Freiheit, zu lieben, zu erlangen, solange seine Mutter lebte. Sein ganzes Leben unterstand ihrer Herrschaft.

Als würde sie dies unbewußt eingestehen, war Lydia Lawrence 1911 gestorben. Das erlaubte Lawrence, mit der Niederschrift seiner eigenen Geschichte zu beginnen, aber er war vom Schrecken ihres Todes und von der betäubenden Anwesenheit ihrer Abwesenheit derart paralysiert, daß er nicht gut vorankam. Erst nachdem Frieda in sein Leben gestürmt war, gelang es ihm, das Buch abzuschließen, obgleich seine Mutter dessen vorherrschende Präsenz blieb. Die arme Jessie Chambers war entsetzt, als sie es las; ihrer Meinung nach hatte Lawrence ihre Beziehung und sich selbst verraten, indem er die Sicht seiner Mutter akzeptierte. Viele Jahre später sollte Lawrence dem zustimmen: Er hatte seine Mutter im Recht geglaubt, dabei hatte er, wie ihm nun klar wurde, nur mit ihr gemeinsame Sache gemacht, als es darum ging, den Vater abzulehnen und auszugrenzen.

Paul Morel, so der ursprüngliche Titel des Romans, war das Beste, was Lawrence bis dahin geschrieben hatte, davon war er überzeugt: »Ich sage Ihnen, es hat Form – eine Form: habe ich sie nicht geduldig aus Schweiß und aus Blut geschaffen? Lesen Sie meinen Roman. Es ist ein großer Roman. Wenn Sie die Entwicklung nicht sehen – sie ist langsam wie das Wachstum –, ich kann es.«

Diesen Brief schrieb Lawrence im November 1912 an Edward Garnett, den er 1911 über Ford Madox Ford kennengelernt hatte. Garnett, der selbst Romanautor war, arbeitete für mehrere Verlage als Gutachter, und er war als Lektor besser denn als Autor. Obwohl sich Lawrence selbstsicher gab, war er in Wirklichkeit besorgt, was das Schicksal seines Manuskriptes anging, das gerade von Heinemann, dem Verleger seiner ersten beiden Romane, abgelehnt worden war. Heinemann – »möge sein Name als Fluch dienen!« – fand den Roman unanständig:

> »Ich finde das Buch unbefriedigend. Sein Mangel an Zurückhaltung macht es, fürchte ich, ungeeignet für eine Publikation in England zum jetzigen Zeitpunkt. Die Tyrannei der Bibliotheken ist so groß, daß selbst ein weniger offenherziges Buch mit Sicherheit verurteilt würde.«

Lawrence war, wie er kurz darauf Garnett gegenüber bekannte, ein kleines bißchen enttäuscht ob dieser Reaktion, wo er doch eine merklich überhöhte Meinung von seiner Mission hatte:

> »Warum, warum nur wurde ich als Engländer geboren! – meine verfluchten, von innen verfaulten, kleinherzigen Landsleute, warum wurde *ich* ausgerechnet zu *ihnen* geschickt? Jesus am Kreuz muß seine Landsleute gehaßt haben. Verflucht seien diese elendigen Schweine mit ihren Knochen aus Gallert, diese schleimigen, kriecherischen Wesen ohne Rückgrat, diese erbärmlichen armseligen Arschlöcher, diese verdammten Rindviecher, dieses plärrende, sabbernde, verzagte, gelähmte und saftlose Pack, das England ausmacht. Mein Gott, wie ich sie hasse! Gott verfluche sie, diese Schisser. Gott sprenge sie in die Luft, diese Schwächlinge. Vernichte er ihn, diesen Schleim!«

Da erscheint Joseph Conrads Kurtz direkt als liberaler Geist, oder? Nachdem dieser Sturzbach an Beleidigungen so befriedigend freigesetzt war, ließ sich Lawrence sofort wieder von Garnett beruhigen, der ihm half, das Buch in eine publikationsfähige Form zu bringen.

Lawrence schwelgte zu diesem Zeitpunkt glücklich in den Armen Friedas im italienischen Gargano und begann bereits mit der Reihe von Liebesgedichten, die 1916 unter dem Titel *Look! We Have Come Through!* veröffentlicht werden sollten – und den pingeligen Bertrand Russell zu der Bemerkung veranlaßten, daß sie vielleicht durchgekommen seien, ihm aber nicht einsichtig sei, warum er hinschauen solle.

Selbst Frieda empfand den erregbaren Lawrence mit seinen Höhen und Tiefen manchmal als schwierig. Sie hatte ihm geholfen, den letzten Entwurf von *Söhne und Liebhaber* abzuschließen:

>»Ich durchlebte und durchlitt dieses Buch und schrieb Teile davon, wenn er mich fragte: ›Was, glaubst du, hat meine Mutter damals gefühlt?‹ Ich mußte mich tief einfinden in den Charakter von Miriam und all der anderen, und als er den Tod seiner Mutter beschrieb, war er krank vor Kummer, und sein Kummer machte mich auch krank. Gegen Ende von *Söhne und Liebhaber* hatte ich genug davon und wandte mich gegen dieses ganze ›Geschlecht-des-Atreus‹-Gefühl. Ich schrieb eine Parodie, die ich *Paul Morel oder Mamas Liebling* nannte. Er las sie und sagte kühl: ›So etwas nennt man nicht Parodie.‹«

Sowenig er es auch mochte, aufgezogen zu werden, hatte er in Frieda – genau wie in Garnett – einen idealen Menschen gefunden, jemanden, der ihm die Unterstützung, Ermutigung und liebende Anteilnahme gab, die es brauchte, um seinen Roman zu vollenden. Garnett strich rund zehn Prozent der letzten Manuskriptfassung, sehr zu deren Nutzen. »Du machst das mit dem Zurückstutzen sehr gut«, räumte Lawrence ein. »Hoffentlich lebst du lange und frisierst mir immer meine Romane, bevor sie veröffentlicht werden.«

Das Buch selbst ist eine Melange aus dem perfekt Realisierten und dem unangemessen Generalisierten, wie so vieles in Lawrences Romankunst. Einfühlsam, genau und völlig überzeugend wird das tagtägliche Leben der Familie Morel wiedergegeben. Lawrence ist immer am besten, wenn sein Auge fest auf dem Gegenstand ruht. Doch wenn er seinen Kopf hebt, Betrachtungen anstellt und generalisiert, erscheint seine Prosa ein ums andere Mal leblos und falsch. Nehmen wir diese Reflexion über Paul Morels Notlage:

»Er sah sich um. Sehr viele der nettesten Männer, die er kannte, waren wie er; ihre Jungfräulichkeit schlug sie in Fesseln, aus denen sie sich nicht befreien konnten. Sie waren ihren Geliebten gegenüber so feinfühlig, daß sie lieber immer auf sie verzichtet hätten, als sie zu verletzen, ihnen ein Unrecht zuzufügen. Sie waren die Söhne von Müttern, durch deren heilige Weiblichkeit ziemlich rohe Männer getappt waren, und deshalb waren sie zu zaghaft und zu scheu. Lieber wollten sie sich selbst verleugnen, als sich von einer Frau einen Vorwurf zuzuziehen; denn eine Frau war wie ihre Mutter, und starke Gefühle lebten in ihnen der Mutter gegenüber.«

Das schreit danach, zitiert zu werden, und ich könnte wetten, daß in gebrauchten Taschenbuchexemplaren von *Söhne und Liebhaber* dieser Abschnitt mit Tinte markiert ist. Je weiter sich Lawrence von den Besonderheiten seines Themas entfernt, desto weniger gelungen sind diese Passagen in der Regel und desto wahrscheinlicher ist es, daß ein Student diesen Abschnitt unterstreicht. Es gibt in *Söhne und Liebhaber* keine *anderen* »nettesten Männer«, die so sind wie Paul. Irgendwo mag es welche davon geben, aber hier tauchen sie nicht auf. Nur Paul ist genau wie Paul, und wenn er das sein darf, ist *Söhne und Liebhaber* das Werk eines Genies.

Als das Buch 1913 bei Duckworth erschien, waren die Kritiken im allgemeinen überschwenglich, obwohl sie sich von D. H. Lawrences Themen ein wenig beunruhigt zeigten. Der Kommentar in *The Saturday Review* war typisch und ein wenig ausweichend: »Wir kennen gegenwärtig in England keinen anderen Romanautor, der D. H. Lawrences Kraft besitzt, das Auf und Ab der Leidenschaften in Worte zu fassen.« John Middleton Murry zufolge zählte Lawrence nun zur Avantgarde der jungen Romanciers: »... ganz eindeutig der kommende Mann. Und seine Romane waren natürlich ein Muß für die bekanntesten Kritiker.«

Lawrence freute sich über diese Aufmerksamkeit, doch sobald er ein Werk beendet hatte, wandte er sich rasch dem nächsten zu. Ein Roman war abgeschlossen, wenn er an den Verlag gegangen war – wenn die inneren Angelegenheiten, die er zum Leben erweckt hatte, endlich auf der gedruckten Seite verewigt waren. Im Falle von *Söhne und Liebhaber* aber wartete eine letzte, nicht unbedingt geistesverwandte Pflicht: Garnett verlangte von ihm, den Schutzumschlag selbst zu entwerfen. Lawrence war darüber ein wenig verblüfft. Damals verschwendete niemand große Gedanken an Schutzumschläge, die einfach praktisch waren, in der Regel keine Illustrationen aufwiesen und von den Mitarbeitern der Buchhandlung im Moment des Verkaufs entfernt wurden. (Daran liegt es natürlich, daß Schutzumschläge aus der Zeit vor 1919 so selten und folglich so wertvoll sind.)

Diese Anweisung machte deutlich, daß aus Sicht des Verlages das Hauptverkaufsargument darin lag, daß der Roman ein Arbeiterklasseleben aus der Innenperspektive schilderte. (Er kann Bücher schreiben! Und er kann sogar Schutzumschläge gestalten!) Ob er nicht, fragte man Lawrence, einen Umschlag mit dem Bild einer Kohlengrube entwerfen könne? Verärgert wies Lawrence darauf hin, daß er an einem italienischen See lebe, wo es meilenweit keinerlei Bergwerke gebe, und daß seine künstlerischen Fähigkeiten dieser Aufgabe keinesfalls gewachsen seien. Er versuchte es, scheiterte und gab den Auftrag an seinen Freund Ernest Collings weiter, der es auch nicht konnte. Schließlich ließ Duckworth, der merkwürdigerweise nicht in der Lage war, einen Illustrator zu finden, der eine Kohlengrube zeichnen konnte, einen rein typographischen Umschlag anfertigen, auf dem vorne Lawrences Anpreisung stand.

Mit der vom Autor selbst stammenden Romanzusammenfassung besitzt der Schutzumschlag von *Söhne und Liebhaber* mehr als bloßen Fetischcharakter. Aber davon hat er immer noch genug. Ein hübsches, frisches Exemplar ohne Schutzumschlag ist heute vermutlich 1000

Pfund wert. Ein weiteres Exemplar mit Schutzumschlag ist seit 1979, seit jenem Exemplar von Dennis Wheatley (und mir), nicht aufgetaucht. Es ist schwer zu sagen, was man heute dafür bekäme, aber da Exemplare mit Schutzumschlag von *Der große Gatsby* oder *Fiesta* mittlerweile die 50 000-Pfund-Grenze überschritten haben, dürfte *Söhne und Liebhaber* kaum niedriger liegen.

Lawrence wäre darüber sowohl erheitert als auch entsetzt. Erstausgaben interessierten ihn nicht, und er las seine Bücher nie wieder, sobald sie veröffentlicht worden waren. Das Manuskript von *Söhne und Liebhaber* tauschte er gegen eine Farm in New Mexico ein, die seiner Freundin und Mäzenin Mabel Dodge Luhan gehörte. Sie bezahlte damit später die Behandlung bei ihrem Psychoanalytiker. Lawrence machte kein gutes Geschäft – 1924, zum Zeitpunkt des Tausches, war das Manuskript bereits ziemlich bedeutend, während die Ranch eine ziemlich armselige Ranch war. Doch das dürfte ihm gleichgültig gewesen sein.

Lawrence bringt es in seinem Essay *The Bad Side of Books* genau auf den Punkt: »Bücher sind für mich Gegenstände, Luftstimmen. Was scheren mich erste oder letzte Ausgaben? Ich habe nie eines meiner veröffentlichten Bücher gelesen. Für mich hat kein Buch ein Datum, kein Werk einen bestimmten Einband.« In der Einleitung zu seiner 1924 erschienenen Werkbibliographie findet er die passende Metapher für diese Haltung: »Für jeden, der mit den Rätseln seiner eigenen Seele ringt, ist ein Buch, das zum Buch wird, etwas, das einmal blüht, aussamt und vergeht. Die erste oder die vierundvierzigste Auflage sind nicht viel mehr als die Hülle des ursprünglichen Keims.«

Als jemand, der mit solchen Hüllen handelt, erinnert einen dies an die angemessene Demut. Der Inhalt zählt, während das Drumherum bloß eine Frage von Zeit und Ort ist. Was kümmert es einen gebannten Leser, welche Ausgabe er liest? Aber ich wünsche mir immer noch meine Schutzumschlagausgabe von *Söhne und Liebhaber* zurück. Leider verkaufte ich sie 1982 in meinem ersten Katalog für 1850 Pfund, eine Sache, die im Rückblick in doppelter Hinsicht beschämend ist. Erstens: Ich hätte das verdammte Ding behalten sollen (die typische Klage eines Buchverkäufers). Und zweitens (und wichtiger): Ich war von der Seltenheit des Exemplars so ergriffen, daß ich über den Katalogeintrag eine Überschrift setzte: MIT SCHUTZUMSCHLAG! Die Großbuchstaben sind im nachhinein verzeihlich, nicht jedoch das Ausrufezeichen. Ausrufezeichen werden am häufigsten von Menschen verwendet, die ihre »i«s mit Herzchen versehen und Smileys malen. In den zweiundzwanzig Jahren seither habe ich in einem Katalog nie wieder eines benutzt. Wenn der tapfere kleine Spartanerjunge sich reglos jeden Ausruf verkneifen konnte, als ein Fuchs an seinen Organen herumkaute, dann, so beschloß ich, sollte mir das auch gelingen.

DER FÄNGER IM ROGGEN

Notorisch zurückgezogen, extrem verschlossen, scheu wie eine Feldmaus und doch angriffslustig wie ein Iltis: J. D. Salinger ist einer der zeitgenössischen Schriftsteller, dem sich potentielle Biographen am wenigsten geistesverwandt fühlen dürften. Er hat sich nur selten in der Öffentlichkeit gezeigt, so gut wie keine Interviews gegeben, und seine Familie und seine Freunde – die ihn Jerry nennen – hüten seine Privatsphäre ebenso peinlich wie er. Niemand weiß viel über ihn. Nach dem Erscheinen von *Der Fänger im Roggen* 1951 veröffentlichte er in den zwölf Jahren darauf drei weitere Bücher, ehe er sich in New Hampshire abschottete, wo er angeblich seitdem vor sich hin kritzelt.

Es ist nur natürlich, daß Salinger immer faszinierender wurde, je mehr er sich zurückzog. Der *Fänger* ist zweifelsohne einer der bahnbrechendsten Nachkriegsromane, und mit Holden Caulfield schuf Salinger den ersten Teenager – im modernen Sinn – der Literatur. Wie D. H. Lawrences Protagonist in *Söhne und Liebhaber* ist Holden sensibel, durcheinander, leidenschaftlich und von seiner Umgebung entfremdet. Aber anders als Paul Morel ist er linkisch, voller unterschwelliger Unruhe und unausgegorener Meinungen und ohne erkennbaren Grund unzufrieden. Lawrences Held ist ein junger *Mann* – man kann sich Paul Morel unmöglich dabei vorstellen, wie er sich seine Pickel ausdrückt –, während Holden unverkennbar eine neue *Kategorie* von Person darstellt. Binnen weniger Jahre nahm dieser Typus eine Art kultureller Zentralstellung ein, besonders unvergeßlich verkörpert von James Dean in »*... denn sie wissen nicht, was sie tun*« (1955).

Es überrascht also nicht, daß der mittlerweile verstorbene Ian Hamilton, ein Homme de lettres und stilvoller Biograph von Robert Lowell, sein Augenmerk auf Salinger richten sollte. Intelligent, bissig, doch von Natur aus verständnisvoll mag er angenommen haben, daß Salinger in ihm einen attraktiven künftigen Biographen sehen würde. 1985 schrieb er Salinger, ob dieser seine Recherchen unterstützen würde. Anders als die meisten Leute, die Salinger schrieben, bekam er tatsächlich eine Antwort auf seinen Brief. Wie bei den wenigen, die eine Antwort bekamen, lautete diese: Nein. Für ihn untypisch mitteilsam, bat Salinger Hamilton, das Projekt aufzugeben und ihn in Ruhe zu lassen.

Wie wir wissen, blieb Hamilton hartnäckig und veröffentlichte 1988 das hervorragende Buch *Auf der Suche nach J. D. Salinger*. Ursprünglich hätte es *J. D. Salinger – ein Schriftstellerleben* heißen sollen und lag schon in Druckfahnen vor, als Salinger Hamilton verklagte und behauptete, daß Hamiltons Zitate aus Salingers Briefen an seine Freunde (die sich in der Firestone-Bibliothek in Princeton befanden) einen Bruch des Urheberrechts darstellten. Der Fall ging bis zum Obersten Gerichtshof des Staates New Jersey. Salinger gewann; das Buch konnte nicht erscheinen und mußte, ohne Verwendung der Briefe, komplett umgeschrieben werden. (Exemplare der zurückgehaltenen Druckfahnen sind heute 1000 Pfund wert.)

Während des Prozesses war ich – obwohl Hamilton einer meiner Freunde war – auf der Seite von Salinger. Wenn er die Greta Garbo der literarischen Welt sein wollte, dann hatte er doch sicher das Recht, in Ruhe gelassen zu werden? Wie seltsam war es da, daß Salinger ganz am Ende der Affäre mit einem weiteren Gerichtsverfahren drohte – nicht Hamilton, sondern mir. Das tat ein bißchen weh. Salinger kannte mich nicht einmal, und außerdem ist *Der Fänger im Roggen* eines meiner Lieblingsbücher. Ich las es zuerst Mitte der 50er Jahre, und der reizbare, rechthaberische Holden Caulfield wurde eines meiner prägenden Vorbilder.

Damals wußte ich nicht, daß Holden erstmals 1941 aufgetaucht war, in einer Kurzgeschichte über einen Jungen, der aus der Vorbereitungsschule fürs College davonläuft. Der *New Yorker* nahm sie an – die höchste Anerkennung zu dieser Zeit –, druckte sie aber nie: 1941 war ein schlechtes Jahr, um zum Desertieren zu ermutigen. Holden übte einen beharrlichen Einfluß auf Salingers Einbildungskraft aus: Er gab zu, daß der Charakter ein Selbstporträt war, und eine Freundin aus jener Zeit berichtete, daß sich Salinger auf Holden wie auf eine lebende Person bezog und oft dessen Ansichten zitierte. Der Junge tauchte in verschiedenen Verkleidungen in Salingers Geschichten der 40er Jahre auf, und zwei Kapitel aus dem *Fänger* wurden 1945 und 1946 als Geschichten in Zeitschriften veröffentlicht.

Es war eine ungewöhnliche Zeit, um mit so großer Intensität zu schreiben, da Salinger auch in Übersee diente und Anfang Juni 1944 bei den Landungen am Strand von Utah zugegen war: in der einen Hand ein Gewehr, einen Füllfederhalter in der anderen. Ein Kriegskamerad erinnert sich, daß er sich von den anderen Soldaten unterschied: »Er machte nicht mit beim Trinken und Kartenspielen. Selbst während der hitzigsten Feldzüge schrieb er und schickte Sachen an Zeitschriften.«

Diese Konzentration war ein Merkmal für Salingers Hingabe von Anfang an: »Ich sage nicht, daß ich ein geborener Schriftsteller bin, aber ich bin gewiß als Profi geboren. Ich glaube nicht, mir das Schreiben jemals als Beruf *ausgesucht* zu haben. Ich habe einfach mit achtzehn mit dem Schreiben begonnen und nie damit aufgehört.« Selbst diese Zielstrebigkeit jedoch hielt nicht alles aus – gegen Ende des Krieges erlitt er einen Nervenzusammenbruch –, und er begann an seinem Durchhaltevermögen zu zweifeln. »Ich bin ein Mann für die Kurz-, nicht für die Mittelstrecke, und wahrscheinlich werde ich nie einen Roman schreiben.« Doch er wurde bewundert und ermutigt von anderen Autoren, die seine Geschichten im *New Yorker* und in *Collier's* verfolgt hatten. Als er am Befreiungstag 1945 Hemingway im Pariser Ritz traf, verbrachten die beiden die Zeit in gegenseitiger Bewunderung. (Ein paar Jahre später, als Salinger Hemingways Biographen traf, äußerte er sich allerdings abschätzig über ihn und gab zu verstehen, daß der einzige große amerikanische Schriftsteller seit Melville J. D. Salinger sei.)

Bestärkt durch Hemingways Lob und mit frischen Kräften, kehrte Salinger nach New York zurück und nahm inmitten der Hektik der Stadt die Arbeit an dem geplanten Roman auf. Als er sich außerstande sah, sich mit seiner vertrauten Besessenheit zu konzentrieren, verzog er sich nach Connecticut und ging, von seinem Hund abgesehen, aller Gesellschaft aus dem Weg: »Einem Hund muß man nicht erklären – nicht einmal in einsilbigen Wörtern –, daß es Zeiten gibt, in denen ein Mann hinter seiner Schreibmaschine sitzen muß.«

Innerhalb eines Jahres hatte er eine Romanfassung fertig, und es standen bereits Verleger Schlange. Er hatte sich mit seinen Kurzgeschichten einen Namen gemacht, und noch bevor er einen Roman veröffentlicht hatte, wurde er weithin als der brillanteste unter den jungen amerikanischen Schriftstellern angesehen. Robert Giroux, damals Lektor bei Harcourt Brace, fragte, ob er eine Sammlung der Geschichten veröffentlichen könne. »Keine Antwort. Monate später kam ein großer, traurig dreinblickender junger Mann mit länglichem Gesicht und tiefliegenden schwarzen Augen herein und sagte: ›Nicht meine Kurzgeschichten sollten zuerst herauskommen, sondern der Roman, an dem ich sitze, über diesen Jungen in New York während der Weihnachtsferien.‹«

In kürzester Zeit hatten sie sich per Handschlag auf einen Vertrag geeinigt, doch zu Salingers Empörung und zu Giroux' Demütigung wurde die Vereinbarung von Giroux' Chef Eugene Reynal aufgekündigt, der das Buch haßte: »Soll dieser Holden Caulfield etwa verrückt sein?« fragte er verächtlich und dümmlich. Noch verstimmter als gewöhnlich trug Salinger das Manuskript zu Little, Brown, die es sofort annahmen. Aber nichts, was sie anstellten, gefiel ihrem neuen Autor. Selbst als man ihm sagte, daß das Buch für die Auswahl »Buch des Monats« genommen worden war, was große Absätze garantierte, interessierte ihn nur, ob das den Erscheinungstermin verzögern würde. Er untersagte, daß Druckfahnen vorab an Rezensenten verschickt wurden, und sträubte sich heftig dagegen, daß ein Foto von ihm auf der hinteren Umschlagseite zu sehen war. Konsterniert blieb seinem Lektor nur die unterkühlte Frage, ob er sein Buch verlegt oder bloß gedruckt haben wolle.

Wie immer man den Prozeß nennen mag: Das Buch erschien am 16. Juli 1951. Salinger selbst hatte sich für einige Monate nach England davongemacht, um keine Kritiken lesen zu müssen. Er hätte sich nicht zu sorgen brauchen: Die meisten seriösen Rezensenten mochten das Buch. Die *New York Times* nannte es einen »ungewöhnlich brillanten Debütroman«, und der *Philadelphia Enquirer* hielt den Autor für ein »frisches und kraftvolles Erzähltalent«. Wie zu erwarten war, gab es auch ein paar kritische Stimmen, von denen die meisten etwas gegen den offenen Ton hatten. Der *Christian Science Monitor* hielt es für unmoralisch und pervers, und eine gewissenhafte Leserin rechnete vor, daß auf den 187 Seiten des Buches 295mal der Name Gottes grundlos genannt werde und sich erstaunliche 587 Blasphemien, über drei pro Seite, fänden. Solche Besprechungen beförderten natürlich den Absatz; im Juli wurde das Buch fünfmal nachgedruckt, im August dreimal und im September zweimal. Es schien unmöglich, ausreichend Exemplare zu drucken, um die Nachfrage zu befriedigen.

Der Fänger im Roggen wurde in England 1953 von Hamish Hamilton veröffentlicht, sehr zu Salingers Freude, obgleich die Aufnahme nicht so enthusiastisch wie in den Vereinigten Staaten war. Hamish Hamilton hatte das befürchtet und fügte der englischen Ausgabe einen ungeschickten Klappentext hinzu: »Obwohl die Dialoge, was Jargon und Rhythmus angeht, deutlich amerikanisch sind, ist es so meisterhaft, daß englische Leser nicht die geringste Schwierigkeit damit haben werden.« Hatten sie auch nicht, doch eine erstaunlich große Zahl ermüdend überheblicher Kritiker fand das Buch grobschlächtig und langweilig – wie implizit die meisten amerikanischen Dinge. Der Ton des Rezensenten vom *Punch* war typisch. Der *Fänger* wurde als sentimental verurteilt – obwohl dies, wie der Schreiber einräumte, »vielleicht bloß die Reaktion eines verdorbenen Europäers war, der eine weiche Oberfläche und einen harten Kern bevorzugte«.

Doch es war unerheblich, ob die Engländer die Nase rümpfen wollten. 1953 war der *Fänger* bereits ein riesiger Erfolg. Er war 1951 bis auf die Nummer 4 der *New York Times*-Bestsellerliste geklettert und erzielte im Jahrzehnt danach verläßliche, stetig ansteigende Absatzzahlen. 1961 war die Marke von bemerkenswerten 125 000 Exemplaren pro Jahr erreicht, und heute sind die jährlichen Verkäufe mehr als doppelt so hoch.

Salinger war anfänglich von dieser Reaktion ermutigt, doch die Freude nutzte sich bald ab: »Das meiste davon fand ich hektisch, beruflich und persönlich demoralisierend. Sagen wir es so: Es macht mich ganz krank, ständig über dieses vergrößerte Bild meines Gesichts hinten auf dem Schutzumschlag zu stolpern. Ich freue mich auf den Tag, an dem ich es im kalten, nassen Wind der Lexington Avenue gegen einen Laternenpfahl flattern sehe.« Von der dritten Auflage an erschien Salingers Bild nicht mehr auf dem Umschlag. Er hatte darauf etwas unfreundlich ausgesehen, was er ja war, aber es hatte ihn auch wiedererkennbar gemacht, und das wollte er auf gar keinen Fall. Er wollte mit seinem Hund und seiner Schreibmaschine allein gelassen werden.

Es war also kein Wunder, daß ihm so viele Jahre später Ian Hamiltons Brief nicht willkommen war. Er wollte nicht beschrieben, analysiert und bloßgestellt werden. Das Erscheinen der Biographie bereitete ihm beträchtliche Qualen. Keineswegs überraschend hinterließ die Angelegenheit auch bei Hamilton einen bitteren Nachgeschmack. 1989 schlug er mir vor, das Archiv mit den Materialien zum Buch zu kaufen: Korrespondenz, Tonbänder, Transkripte von Interviews, Notizen, Manuskripte, Gerichtsunterlagen – das ganze Paket. Da ich mir sicher war, daß irgendeine Universitätsbibliothek daran Interesse zeigen würde – der Fall war berühmt geworden –, stimmte ich dem Handel zu und bot das Material dem Handschriftenbibliothekar einer amerikanischen Universität an. Er kaufte es sofort, und binnen weniger Tage wurde es verschifft.

Nur sechs Tage später bekam ich einen verzweifelten Anruf aus Amerika, in dem mir mitgeteilt wurde, daß das Archiv beinahe zum gleichen Zeitpunkt wie ein Brief von Salingers Anwälten eingetroffen sei, die die Herausgabe sämtlichen Materials verlangten, das in Zusammenhang mit dem Gerichtsfall Hamilton stehe.

»Was werden Sie tun?« fragte ich etwas ängstlich.

»Ihnen sofort alles zurückschicken«, sagte er entschlossen – was liebenswürdig von ihm war.

Kaum war das Material angekommen, erhielt ich einen Anruf von Salingers Agentur Harold Ober Associates. Eine Frauenstimme, die von Ärger und Zigaretten zer-

fressen war und das Blut eines Orks zum Gefrieren gebracht hätte, teilte mir mit, daß ich in ernsthaften
Schwierigkeiten sei. Salingers Anwälte seien hinter mir
her. Ich hätte den Obersten Gerichtshof des Staates New
Jersey mißachtet.

Ich war ziemlich traurig und sehr überrascht, dies zu
hören. Ich habe niemals im Staat New Jersey gelebt, und
obwohl ich ihn immer eher mißbilligt habe, wäre es
übertrieben zu sagen, daß ich ihn – geschweige denn seinen Obersten Gerichtshof – mißachten würde. Aber anscheinend befand sich in Hamiltons Gerichtsunterlagen
die Kopie eines Protokolls, das von Salinger stammte, ein
Dokument von mehr als 200 Seiten, in dem er dem Gericht seine Einwände gegen die Biographie darlegte und
seine Art zu schreiben und zu leben beschrieb. Dieses
Dokument war wie alle anderen Aussagen in dem Fall
versiegelt worden, was bedeutete, daß es in keiner Weise
öffentlich gemacht werden durfte.

Salinger verfügte über eine ganze Armee von Rechts-
anwälten. Sie schrieben mir, faxten mir und riefen mich
an, ohne sich im geringsten um den Zeitunterschied zwischen New York und London zu kümmern. Eine lange
Unterredung mit Hamiltons Verteidiger bestätigte trau-
rigerweise, daß die amerikanischen Anwälte im Recht
waren – daß Ian nicht berechtigt gewesen war, das Ge-
richtsmaterial zu verkaufen.

Andererseits hatte ich es im guten Glauben gekauft,
und es war keineswegs ausgemacht, daß dieses besondere
amerikanische Gesetz gegen mich in England angewandt
werden konnte: ein Punkt, den ich meinen Widersa-
chern mit Nachdruck klarmachte. Sie stimmten mir zu,

daß es schwierig sein könne, mich zu verfolgen. Statt dessen, sagten sie, würden sie Ian Hamiltons amerikanische Einkünfte beschlagnahmen und sicherstellen, daß er bei seinem nächsten Versuch, in die Vereinigten Staaten einzureisen, ins Gefängnis käme. Ich brachte Ian diese Neuigkeiten bei, die er mit überraschendem Gleichmut aufnahm, und mir sagte, ich solle tun, was ich wolle. Doch es war klar, daß das Spiel zu Ende war. Ich schlug Salingers Agentin, der mit der Streitaxtstimme, einen Kompromiß vor.

»Es scheint mir so«, sagte ich, »daß ich wissentlich nichts Unrechtes getan habe. Und ich riskiere es, Geld zu verlieren, wenn ich das Protokoll zurückgebe.«

»Jaa, jaa«, antwortete sie widerwillig.

»Ich bin ein Bewunderer von Herrn Salinger und habe kein Interesse daran, ihm Ärger zu bereiten.«

»M-hm ...«

»Deshalb schlage ich vor, das Protokoll zurückzuschikken, und im Gegenzug signiert Herr Salinger für mich die Erstausgabe von *Der Fänger im Roggen*.« Salinger ist, wie Sie ahnen werden, notorisch zurückhaltend, was das Signieren von Büchern angeht. Ich habe nicht mehr als zwei signierte Erstausgaben vom *Fänger* zu Gesicht bekommen; die weniger bedeutende darunter ist 30 000 Pfund wert.

In der Leitung herrschte ein beunruhigendes Schweigen.

»Hallo?« rief ich.

»Das ist Erpressung!« kreischte die Stimme aus der Hölle.

»Im Gegenteil«, erklärte ich ruhig, »mir scheint, dies

wäre seinerseits eine perfekte, geradezu noble Anerkennung eines um Ausgleich bemühten Verhaltens meinerseits ...«

Eine Stimme bellte laut auf, als ob die Agentin durch einen asthmatischen Seehund ersetzt worden wäre.

»Gewiß«, fuhr ich fort, »ist das die richtige Übereinkunft, oder? Herr Salinger erhält seine Unterlagen zurück, und ich bekomme ein kleines Erinnerungsstück für mein Bücherregal.«

Es folgte ein weiteres, längeres und noch düstereres Schweigen.

»Ich werde es morgen zurückschicken«, sagte ich, und das tat ich auch. In meinem Geschäft muß man wissen, wann man geschlagen ist. Trotzdem verkaufte ich Salingers allerersten Brief an Hamilton an einen New Yorker Sammler und den restlichen Nachlaß mit angemessenem Gewinn an die Firestone-Bibliothek.

Doch in meinem Bücherregal klafft noch immer eine Lücke, dort, wo der signierte *Fänger im Roggen* stehen sollte. »Für Rick«, stelle ich mir vor, stünde da, »mit widerwilligen Empfehlungen von Jerry Salinger.«

Die sieben Säulen der Weisheit

Ich mag das Wort luxuriös nicht, wenn es um Bücher geht – es scheint mehr auf Sofas zu passen –, aber wenn es ein luxuriöses Buch des 20. Jahrhunderts gibt, dann dieses. Es ist prachtvoll gebunden, dick und angenehm; der Text ist in der Caslon-Type erstklassig gesetzt und mit ausgezeichneten und üppigen Illustrationen von vielen der führenden Künstler der Zeit versehen: Colin Gill, Eric Kennington, Henry Lamb, William Roberts, Edward Wadsworth, Frank Dobson, Augustus John, John Singer Sargent, Gertrude Hermes, Gilbert Spencer, William Rothenstein und Paul Nash. Dieses Buch setzt Maßstäbe und verlangt danach, angesehen, gestreichelt, in der Hand gewogen, von innen und außen betrachtet zu werden – wie ein bibliographisches Kunstwerk. Es zu lesen ist weniger leicht, aber ums *Lesen*, das scheint allein die Ausstattung zu verkünden, geht es hier kaum.

Es ist herrlich, wenn auch ein bißchen überkandidelt, und es war nur zu bekommen, wenn man eines der 170 Exemplare subskribierte – für 30 Guineen, was heute etwa 1200 Pfund entspräche. Lawrence schwebte ein »titanisches« Buch vor – womit er vermutlich nicht andeuten wollte, daß es aufgrund seines Gewichts untergehen würde –, und er schuf wirklich ein Meisterwerk, ironischerweise nur kein literarisches, sondern ein gestalterisches. Jeder hat schon einmal davon gehört, doch aus meinem Bekanntenkreis haben es nur zwei Menschen gelesen, nicht weil es (wie *Finnegans Wake*) so schwierig ist, sondern weil es so langweilig ist. Nehmen Sie diese Beschreibung der Araber:

>»Sie waren wie Wasser, und wie das Wasser werden sie schließlich vielleicht obsiegen. Seit dem Anfang der Tage sind sie in immer neuen Wellen gegen die Küsten des Irdischen angebrandet. Jede Welle brach sich, aber gleich dem Meere hatte jede ein winziges Stückchen von dem Fels, an dem sie zerschellte, abgetragen; und eines Tages, in vielen Menschenaltern, wird sie vielleicht ungehemmt über die Stelle hinwegrollen, wo einst die materielle Welt gewesen ist, und Gott der Herr wird über den Wassern schweben. Eine dieser Wogen (und nicht die letzte) wurde von mir unter dem Wehen einer Idee aufgerührt und ins Rollen gebracht, bis sie ihren Höhepunkt erreichte, sich überschlug und über Damaskus dahinbrandete. Die Auswaschungen dieser Welle, die zurückprallte vor dem Widerstand juristischer Festsetzungen, werden der nächsten Welle den Weg weisen, wenn in der Fülle der Zeiten die See von neuem aufgerührt werden wird.«

Selbst in den besten Büchern ist es ein leichtes, sich weniger gelungene Passagen herauszupicken, aber diese auf unglückliche Weise ausgewalzte Metapher ist typisch: typisch, weil sie ein wiederkehrender Fehler in Lawrences Prosa ist, und auch typisch, weil der Abschnitt mit einem Stück kaum verhüllter Selbstverherrlichung endet. Denn der Text ist wirklich kaum mehr als ein sich in weiten Teilen ungehemmt von der Wahrheit verabschiedender Bericht dessen, was Lawrence in Arabien zu tun versuchte und wie großartig ihm dies gelungen wäre, hätten ihn nicht die Mächte des Alters und des Konservativismus daran gehindert. Als eine Übung in Selbstmythologisierung sollte das Buch ein Erfolg ohne Vergleich werden.

Der Titel wurde durch die Bibel, Sprüche IX,1 angeregt: »Die Weisheit baute ihr Haus und hieb sieben Säulen«, dem der Autor bezeichnenderweise den Untertitel *Ein Triumph* hinzufügte. 1926 im Eigenverlag von T. E. Lawrence veröffentlicht, ist *Die sieben Säulen der Weisheit* eines der seltensten, bemerkenswertesten und wertvollsten Bücher des 20. Jahrhunderts. Es ist so nachgesucht – höchstens ein oder zwei Exemplare kommen jährlich auf den Markt –, daß der mittlerweile verstorbene Harry Spiro, ein reicher, kaufgieriger New Yorker Sammler, in den achtziger Jahren die Absicht zu haben schien, den Markt zu monopolisieren. Er begann damit, 4000 Pfund pro Exemplar zu zahlen; die Preise stiegen und stiegen, und er kaufte und kaufte, bis er irgendwann Mitte der neunziger Jahre befand, genug zu haben. Zu diesem Zeitpunkt besaß er mehr als ein Dutzend Exemplare. Angesichts dessen, daß die Exemplare nun je bis zu 35 000 Pfund einbrachten, hatte er vermutlich nicht nur ein Lächeln, sondern ein wölfisches Grinsen im Gesicht.

Und dennoch könnte man bestreiten, daß seine vielen Exemplare der *Sieben Säulen* wirkliche Erstausgaben waren. Die Geschichte des Textes ist packend. Lawrence schrieb den ersten Entwurf 1919; dieser ging ihm im November am Bahnhof von Reading verloren oder wurde ihm dort gestohlen. Lawrence war untröstlich, wurde aber von seinen Freunden dazu ermutigt, den Text neu zu schreiben, was ihm bis zum Mai des kommenden Jahres gelang. Unzufrieden mit dieser Fassung, die er verächtlich »Mein Pfadfinderbuch« nannte, fing er wieder von vorne an und war schließlich 1922 fertig.

Auf peinigende Weise hatte er erfahren, daß es gar nicht weise ist, ein Manuskript nur in einfacher Ausführung zu erstellen. Er zog in Erwägung, einen maschinenschriftlichen Text mit den üblichen Karbonkopien in Auftrag zu geben, als er erfuhr, daß es kaum mehr kostete, wenn die Setzer der *Oxford Times* das Buch für ihn mit der Hand setzen würden. Es wurden Exemplare auf dünnem, schlechtem Fahnenpapier gedruckt, die er an seine Freunde mit der Bitte um Kommentierung schickte. Dabei war er in großer Sorge, daß ein Gauner von Setzer das Werk stehlen und versucht sein könnte, es unter seinem eigenen Namen zu veröffentlichen, um später womöglich als »Fred Muggins von Arabien« bekannt zu werden. So reichte der schlaue Lawrence die Kapitel in wahlloser, unnumerierter Reihenfolge ein und gab zu keinem Zeitpunkt den Titel preis, den er später selber mit der Schreibmaschine nachtrug. Ich wette, damit hat er sie alle getäuscht.

Im Herbst 1922 korrigierte er mit der Hand die unvermeidlichen Setzfehler, ließ die Exemplare binden und verschickte sie an eine Gruppe von Freunden, darunter Robert Graves, E. M. Forster, Thomas Hardy, Bernard Shaw, Rudyard Kipling und D. G. Hogarth, den Kustos des Ashmolean-Museums.

Nach wenigen Monaten, als Lady Scott fragte, ob sie eine Kopie ausleihen könne, erwiderte Lawrence, daß er bedauerlicherweise keine einzige übrig habe:

»Sie wollen eine Kopie! Unglücklicherweise geht es mir auch so. Von den sechs Kopien, die es gibt, ist nur eine einzige jemals zurückgegeben worden, und idiotischerweise wurde diese Kopie ein zweites Mal verliehen und kam nicht zurück. Ich will also eigentlich sechs Kopien.«

Die Begeisterungsstürme seiner Leser ermutigten ihn. Siegfried Sassoon schrieb ihm:

»Es ist ein GROSSES BUCH, zum Teufel! Und Dank an alle Götter, heidnischen Gottheiten, Götzenbilder, Gottesstaaten, Gottesknechte und Fürbitter für einen Mann, der ein gutes Buch schreibt und es nicht für seine Seele an einen Zuhälter von Verleger verkauft!«

Lawrence dachte bald darüber nach, privat eine opulente Edition herauszugeben. Aber was genau sollte das für ein Buch sein? Er zog für die Veröffentlichung den korrigierten Text von 1922 in Betracht, fragte sich aber, ob er diese auf außergewöhnliche 300 000 Wörter aufgeblähte Fassung nicht radikal kürzen sollte. Er sorgte sich auch über die Qualität seines Schreibens und las seinen Entwurf voller Verzweiflung. Als er die Briefe seiner ersten Leser durchblätterte, bemerkte er, daß sich wenige von ihnen, obwohl sie das Buch gelobt hatten, begeistert von seiner Prosa zeigten. E. M. Forster formulierte eine Stilanalyse:

»Die Kritik, die ich vorbringen würde, besteht darin, daß Ihr reflexiver Stil nicht gänzlich kontrolliert ist. Beinahe sofort, wenn Sie Ihre Gedanken beschreiben, werden Sie dunkel, und der etwas bemühte Sinn, dem

Sie dann Worte geben, gibt ihren Sätzen nicht den Reichtum, den Sie beabsichtigen, verleiht nicht Farbe, sondern Zähigkeit.«

Zähigkeit? Ja, das stimmt völlig und ist, egal wie geschickt verpackt, eine Totalvernichtung. Lawrence nahm den Ratschlag dankbar an, war aber unfähig, Nutzen daraus zu ziehen. Die letzte Fassung ist gnadenlos geschwätzig, wenn auch glücklicherweise kürzer.

Er hatte Glück mit seinen Freunden. Ein anderer von ihnen, Edward Garnett, der Joseph Conrad entdeckt und *Söhne und Liebhaber* lektoriert hatte, bot an, den Text für Lawrence zu kürzen, und lieferte einen Entwurf, der um die Hälfte schlanker war. Lawrence war davon nicht ganz überzeugt:

> »Was soll ich tun? Die Kurzfassung von Garnett veröffentlichen … und deren Gewinn dafür verwenden, eine vollständige, illustrierte Edition in limitierter Auflage herauszugeben? Thomas Hardy hat das Ding kürzlich gelesen und machte mich mit dem, was er darüber sagte, sehr stolz. Shaw lobte es …«

Die endgültige Fassung wurde schließlich von Lawrence selbst gekürzt, E. M. Forsters Rat folgend. Lawrence schrieb Thomas Hardys Frau, die die längere Version lieber hatte, daß das Gestrichene alles redundantes Zeug gewesen sei, zumeist überflüssige Adjektive. In der Tat waren 170 Seiten getilgt worden, was rund 70 000 Adjektiven entspricht.

Die Pläne für eine Subskriptionsausgabe wurden endlich angegangen. Freunde wurden gebeten, Subskribenten zu finden, die 30 Guineen im voraus für eines der 100 geplanten Exemplare zahlen würden. Erste Sondierungen waren entmutigend: Nur 37 mögliche Käufer meldeten sich, und Lawrence merkte, daß die Durchsicht des Textes und die Organisation der Herstellung ihm das letzte bißchen Energie entzogen, das ihm nach seinen Panzerkorpspflichten geblieben war. Und das Geld wurde – wie es jeder Verleger von edlen Büchern hätte voraussagen können – knapp. Die Kosten waren zuerst auf etwas über 3000 Pfund kalkuliert gewesen, was, bei nur 100 Subskribenten, einen Break-even für das Buch bedeutet hätte, denn Lawrence hielt es für unangemessen, persönlich Gewinn aus einem Buch zu ziehen, das von seinen Kriegserfahrungen berichtete. Aber der Break-even war schon bald kein großmütiges Opfer mehr, sondern ein hoffnungslos optimistisches Ziel.

Zwei Jahre vergingen. Die Seiten des Buches wurden von den Setzern mühselig gesetzt und noch einmal gesetzt, bis sie endlich Lawrences hohe Qualitätsstandards erreichten. Die Bindearbeiten wurden in Auftrag gegeben, die Illustrationen abgeschlossen. Die Subskriptionen nahmen zu, die Kosten auch. Als die Exemplare endlich an die 170 Subskribenten versandt wurden, kalkulierte Lawrence, daß die Herstellungskosten sich pro Buch auf etwas mehr als 90 Pfund beliefen. Das Geld rann ihm durch die Finger.

Für einen Teil des Verlusts kam er auf, indem er sich Geld lieh und seine Fourth-Folio-Shakespeare-Ausgabe verkaufte. Aber das reichte nicht, und die Schulden wuchsen. Am Ende war er gezwungen, seine Abneigung gegen eine Verkaufsausgabe des Buches, selbst wenn sie nach dem Erscheinen der Subskriptionsausgabe käme, zu überdenken. Er hatte es immer entschieden abgelehnt, »in England zum Verkauf zu stehen« und dafür traurige Berühmtheit zu erlangen. Doch 1927 stimmte er widerwillig zu, daß Cape eine gekürzte Ausgabe des Buches herausbrachte: *Aufstand in der Wüste*. Innerhalb weniger Wochen waren die Schulden beglichen, und Lawrence freute sich eher über die Berühmtheit.

Es war eine Herkulesarbeit gewesen, und nach vielen Zweifeln und zahllosen Krisen gefiel Lawrence die Subskriptionsedition. »Wenn ich mich nicht irre«, sagte er, »wird sie eines Tages gefeiert werden.« Die 170 Exemplare gingen alle weg, obwohl sie mehr für ihre prächtige Gestaltung als für ihren Inhalt bewundert wurden.

Die Subskriptionsedition der *Sieben Säulen* ist letzten Endes ein Triumph der Form über den Inhalt. Dennoch betont mein Freund Edward Maggs, dessen Firma Maggs Brothers die größte Erfahrung im Handel mit Lawrence-Material hat, daß die »Zähigkeit« kein Grund ist, Bewunderung vorzuenthalten. »Natürlich ist es ein Reinfall«, behauptet er entschieden, »aber ein heldenhafter Reinfall.« Ich habe damit keine Probleme, und es zeigt Eds Großmut, aber mit Sicherheit trägt es nicht dazu bei, daß ich das Buch lesen will. Lieber würde ich einen heldenhaften Erfolg lesen.

Nun zu der Frage, die Sie sich vielleicht schon gestellt haben: Wenn eines der 170 Exemplare der *Sieben Säulen* von 1926 heute 35 000 Pfund wert ist, wieviel mag dann ein Exemplar der sechs bekannten Oxford-Exemplare von 1922 kosten? Niemand kannte die Antwort darauf

– zwei der Exemplare sind in privatem Besitz, und niemals war eins auf dem freien Markt aufgetaucht –, bis zum Dienstag, den 22. Mai 2001, als Lawrences eigenes Exemplar, die Nummer 1, bei Christie's in New York unter den Hammer kam. Es wurde für 700 000 Pfund verkauft, was dem Vierfachen dessen entsprach, was je ein Buch des 20. Jahrhunderts erzielt hatte.

In den zwanzig Jahren, seit ich mit seltenen Büchern handele, habe ich nie ein Exemplar der *Sieben Säulen* von 1926 besessen. Das ist einer meiner blinden Flecken. Nicht nur die *Sieben Säulen*, sondern Lawrence überhaupt. Ich bin normalerweise recht aufmerksam, was bibliographische Details und Werte angeht, aber so gut wie nichts, was Lawrence angeht, will sich in meinem Kopf festsetzen. Es interessiert mich nicht.

Das ist kein ungewöhnlicher Zustand, wenn man dem Lawrence-Biographen Jeremy Wilson folgt, der zu bedenken gibt, daß das Publikum nicht länger wisse, was es glauben und was es nicht glauben soll, und daß als Folge davon viele ernsthafte Leute dazu übergegangen seien, das Thema T. E. Lawrence mit Vorsicht, wenn nicht mit Widerwillen zu betrachten.

Das einzige Heilmittel dagegen scheint folglich darin zu bestehen, seine 1188 Seiten starke Lawrence-Biographie zu lesen. Aber wenn man sich entschlossen hat, sich für Lawrence nicht zu interessieren, ist es unwahrscheinlich, daß man soviel über ihn lesen will.

Ich habe das gleiche Problem mit Winston Churchills Werk, obwohl ich vor kurzem Roy Jenkins' Biographie gelesen habe, die mich zu einem großen Bewunderer Churchills gemacht hat, über den ich sträflicherweise kaum etwas gewußt hatte. Dennoch will ich seine Bücher immer noch nicht führen: Er mag in unerreichter Weise bewundernswert sein, aber ich fühle mich nicht wohl mit der Sorte von Menschen, die seine Werke sammeln. Das gleiche fühle ich bei Lawrence, abzüglich der Bewunderung.

Sammler sind ein seltsames Völkchen, besessen und zwanghaft, scheu und mit einem Elefantengedächtnis. Für gewöhnlich sammeln sie Bücher von Autoren, die sie gern lesen und auf angemessene, harmlose Weise schätzen. Die Lawrence- und Churchill-Sammler indes sind anders: Ihre Steckenpferde haben etwas Gereiztes und Persönliches, etwas – wie Dame Edna sagen würde – Gespenstisches. Ich glaube nicht, daß sie in ihren Träumen auf Kamelen herumziehen oder den Zweiten Weltkrieg lenken. Eher, daß ihr Selbstwertgefühl dadurch gestärkt wird, daß sie sich mit einem Helden verbinden, der sie erhöht. (C. G. Jung nennt diese Identifikation mit einem Archetypen »psychische Inflation«.)

»Guter alter Winston, er ist mein Mann«, so stellt man sich solche Sammler vor, wenn sie ins Sinnieren kommen. Und wer sind die wichtigsten Churchill-Sammler? Der Sultan von Brunei, der Zeitungsmagnat Conrad Black, der amerikanische Präsidentschaftskandidat Steve Forbes. Zeigen Sie mir einen Industriekapitän oder etwas in der Art, der Bücher sammelt, und ich wette, daß er Churchill, Roosevelt oder – Gott helfe uns – Napoleon sammelt.

Lawrence-Sammler sind nicht ganz so großartig, aber das war Lawrence ja auch nicht. Ich war froh, sie und ihn fast mein ganzes Leben als Händler hindurch meiden zu können, und mein größtes Engagement für Lawrence verdankt sich einem Versehen.

Vor einigen Jahren kaufte ich ein eher mißratenes Gemälde von Wyndham Lewis, den ich damals sehr mochte. Es stammte aus dem Jahr 1935 und zeigte eine schlecht gemalte Wüstenszene mit ein paar Hügeln im Hintergrund und einem Reiter in weißem Umhang. Das Pferd war im Stil des Vortizismus dargebracht, was es schief aussehen ließ, so als würde es gleich umkippen.

Ich hing das Bild in meinem Geschäft auf, wo es allgemeinen Spott erntete. Selbst ich hatte begonnen, es zu hassen, als eines Tages ein New Yorker Lawrence-Sammler bei einem seiner seltenen Besuche den Laden betrat. Er sah das Bild und fragte mich mit aggressivem Ton: »Ist das neu? Warum haben Sie es mir nicht angeboten?«

»O klar, weil es Lawrence aus dem verdammten Arabien ist, richtig?« fragte ich.

»Ich weiß, daß er es ist«, sagte er. »Wie teuer ist es?«

Es war mit 5500 Pfund ausgezeichnet, weil es, wie scheußlich es auch sein mochte, immerhin ein Ölbild von Wyndham Lewis war. Aber *jetzt* war es ein Lawrence-Bildnis, gemalt von Lewis. Mein Kunde unterrichtete mich, daß Lewis 50 Pfund erhalten hatte, um eine der Illustrationen für die *Sieben Säulen* anzufertigen, und es ihm nicht gelungen war, rechtzeitig abzugeben. Dies hier sei entweder eine spätere Fassung des Bildes oder eine vordatierte Studie dafür, ließ er mich selbstgefällig wissen. Sein Wert dürfe vermutlich bei 20 000 Pfund liegen, sofern man – wie er und anders als ich – wisse, was es darstelle.

Er bat, was selten war, nicht einmal um Rabatt und

kaufte es zum angegebenen Preis von 5500 Pfund. Danach bestand er darauf, daß ich ihn ins Ivy, mein Lieblingslokal, zum Mittagessen einlud – als Strafe für meine Dummheit.

Ich habe es nicht sehr genossen.

DER KOLOSS

Als Sammler seltener Bücher kann man es sich nicht leisten, sentimental zu sein oder zu innige Bindungen zu entwickeln. Sofern man nicht über viel Geld verfügt, sind die Bücher, die man in die Finger bekommt, nicht dazu da, behalten zu werden, wie sehr man sie auch lieben mag. »Liebe« ist hier natürlich ein provokantes Wort, und ich verwende es zögerlich. Aber mitunter taucht ein Buch mit solch emotionalem Reiz auf, daß man sich auf mächtige, beinahe erotische Weise zu ihm hingezogen fühlt, und man möchte es nicht verlieren. Diese Fähigkeit irgendeines Buches, ein Kraftfeld der Anziehung auszustrahlen, die Jeanette Winterson so schön als »Psychometrie der Bücher« beschrieben hat, kann mich tiefer und dauerhafter berühren als viele der Menschen, denen ich begegne. Ich erinnere mich zum Beispiel nur an sehr wenige Studenten, die ich an der Universität in Warwick unterrichtete. Gleichzeitig kann ich mich an eine ähnlich kleine Zahl von Büchern entsinnen, die ich in die Finger bekommen habe. Aber die Implikation ist klar: Einige der besten Bücher sind für mich denkwürdiger gewesen als die Masse von Menschen.

Mir ist das nicht peinlich. Vermutlich könnten Sie diese Argumentation grundsätzlich in Frage stellen, doch nehmen Sie statt dessen den folgenden Fall, aus meinem 1992 herausgekommenen Katalog Nr. 16:

»Plath, Sylvia. *The Colossus and Other Poems*, New York 1962. Erste amerikanische Ausgabe. Von Plath signiertes Widmungsexemplar: FÜR TED ›Von dem Koloß und Prinz Otto ihr Handwerk und ihre Kunst erlernen in Liebe Sylvia.‹«

Wenn Sie nicht sofort fühlen, was für ein aufregendes Buch das ist, wenn Sie sich nicht gerade in irgendeiner Form »Oh, das ist fabelhaft!« zugeflüstert haben, dann haben Sie, fürchte ich, nicht die Anlagen eines Buchsammlers. Ich bin nicht einmal sicher, ob ich Sie sehr mögen würde. Wie ich in meinem Katalog anmerkte, handelt es sich um eine Widmung, in der einiges anklingt. Sie bezieht sich natürlich auf Sylvias deutsch-amerikanischen Vater Otto Plath, der starb, als sie erst acht Jahre alt war, und von dem sie ihr ganzes Leben besessen war. Er beherrschte ihre Vorstellung, und alle Männer ihres Lebens standen in seinem Schatten.

Sylvia und Ted spielten häufig mit einer Ouija-Tafel, wobei Ted zufolge:

»die ›Geister‹ regelmäßig mit Anweisungen für sie von einem Prinz Otto kamen. Wenn sie auf eine persönlichere Kommunikation drängte, sagte man ihr, daß Prinz Otto nicht direkt mit ihr sprechen könne, weil er unter dem Befehl des ›Kolosses‹ stehe. Ihre Bemühungen, sich darüber klar zu werden, welche Bedeutung dieser Koloß für sie besaß, nahmen in ihrer Dichtung im Lauf der Jahre eine immer zentralere Stellung ein.«

Es fällt somit schwer, sich eine intimere Widmung für Sylvia Plaths erstes Buch vorzustellen: für ihren verehrten Mann Ted Hughes mit Bezug auf ihren olympischen Vater und dessen leitenden Geist. Ted und Otto sind auf schockierende Weise in ihrem berühmtesten Gedicht – *Papi* – miteinander verbunden, das düster ihren fernen, mächtigen Vater evoziert:

> Meine Angst vor dir war stets absolut:
> Dein Schnurrbart, und was deine *Luftwaffe* tut,
> Und deine Rednergesten,
> Und dein arisches Auge voll blauer Glut,
> *Panzer*mann, *Panzer*mann, Tunichtgut!

Otto Plaths Tod war das prägende Ereignis in Sylvias Leben; von diesem Augenblick an wurde ein dauerhaftes Glück für sie unerreichbar. Ihr Selbstmordversuch im Alter von zwanzig Jahren (Thema ihres einzigen Romans *Die Glasglocke*) hatte, wie sie sich erinnerte, das Ziel, die Vereinigung mit ihrem toten Vater herbeizuführen. Und diese Hingabe an Otto, nicht an seine Erinnerung, sondern an seine bleibende innere Präsenz, war so unauslöschlich, daß Sylvia dazu bestimmt schien, seine Gestalt auf ihre künftigen Liebhaber zu projizieren. So wie *Papi* fortfährt, werden die Figuren Prinz Otto und Ted Hughes ununterscheidbar:

> Ich mach ein Modell, das bist du,
> Ein Mann in Schwarz mit *Meinkampf*gesicht,
>
> Der die Folter liebt und das Blut.
> Und ich sagte, ja, gut, ja, gut.

Das Gedicht schließt mit der (unrealistischen) Hoffnung, daß die sowohl stärkende als auch hemmende Gegenwart des toten Vaters durch die Ankunft der neuen Liebe ausgelöscht werde:

Dein schwarzes Herz durchbohrt jetzt ein Pfahl,
Und im Dorf die fanden dich niemals gut.
Sie tanzen und stampfen auf dir, du Graus.
Daß es immerzu *du* warst, das haben sie raus.
Papi, Papi, du Dreckstück, zwischen uns ist es aus.

Das läßt einen auf unvergeßliche Weise frösteln – und die Autorin gibt damit genau das Modell für jene neurotischen, leidenschaftlich intensiven Mädchen, vor denen Mütter ihre Söhne warnen. Als sich Sylvia und Ted erstmals 1956 auf einer Party in Cambridge trafen, zeigten sich beide von ihrer gegenseitigen Anziehung schockiert. Sie küßte und biß ihn so stark, daß er blutete.

Vier Monate später heirateten sie – » Ted ist die ideale, die einzig mögliche Person«, schrieb sie – und verbrachten einige Zeit in Amerika. Danach bezogen sie ihr Zuhause in London und schrieben. Sylvia brachte das eine oder andere Gedicht in guten Zeitschriften unter, scheiterte jedoch bei ihren Versuchen, ein Buch zu veröffentlichen. Teds erstes Buch, *Der Habicht im Regen*, erschien 1957 bei Faber. Sie lebten in einem Treibhaus der Literatur; sie freute sich für ihn und war zugleich neidisch. Ihre Beziehung befand sich in einem feinen Gleichgewicht: Sie unterstützten sich und wetteiferten zugleich miteinander; das war stimulierend, konnte aber auch jederzeit hochgehen. Sylvia sorgte sich deswegen. In ihrem Tagebuch notierte sie am 7. November 1959: »Gefährlich, Ted Tag für Tag so nah zu sein. Ich habe kein von ihm getrenntes Leben und werde wahrscheinlich ein bloßes Accessoire … Ich brauche ein Leben, das mich innerlich stärkt.«

An Weihnachten stellte sie fünfzig ihrer Gedichte zusammen und tippte das Manuskript für *The Colossus and Other Poems* ab. Auf Bitte des Lektors James Michie, der ihre Arbeiten im *London Magazine* bewundert hatte, bot sie es dem Heinemann Verlag an. Ein Vertrag wurde unterzeichnet und das Buch Ted gewidmet: »… diesem Vorbild, der mich in allen Phasen meiner Niedergeschlagenheit ermutigt hat«. Als das Buch einige Monate später herauskam, war sie enttäuscht, ein paar Druckfehler zu finden, zeigte sich aber über die Umschlagfarbe erfreut. »Es ist ein nettes, dickes Buch, das im Regal knapp zwei Zentimeter einnimmt.« (*Der Habicht im Regen* war dünner.) »Ich denke, Sie haben etwas Schönes daraus gemacht.«

Die Euphorie währte nicht lange. Die Kritiken waren freundlich, befriedigten Sylvia Plath aber nicht. Nachdem sie die Buchveröffentlichung so sehr herbeigesehnt hatte, war sie nun unglücklich, weil sie nicht mehr und bessere Besprechungen bekam, keine Preise erhielt, Geld damit machte oder einen amerikanischen Verleger fand. So ist die Pathologie des Ehrgeizes: Ist ein Ziel erst mal erreicht, wird es einfach umdefiniert. Es genügte nicht, ein Buch zu veröffentlichen, das sofort als wichtiges Buch begrüßt wurde; nein, es hätte ein gefeiertes Buch sein sollen. Sie wurde in literarischen Kreisen bewundert, aber jetzt wollte sie berühmt sein.

Im Mai des folgenden Jahres stimmte Alfred Knopf zu, *The Colossus*, wenn auch in gekürzter Fassung, in Amerika herauszubringen. Die Dichterin Marianne Moore hatte empfohlen, zehn Gedichte zu streichen und andere zu kürzen oder umzubenennen. Sylvia stimmte freudig zu: »Es wird wie ein neues Buch sein«, begeisterte sie sich, »das einzige, das Ideal.« (Der Satz erinnert auf unheimliche Weise an ihre frühere Beschreibung Teds: Vermutlich waren beide platonische Inkarnationen des Vollkommenen.) Und tatsächlich waren die Kritiken über die Maßen begeistert. Joyce Carol Oates traf das vorherrschende Gefühl in der *New York Times* ausgezeichnet:

»Ihre Gedichte haben diese ausgesuchte, herzzerreißende Qualität an sich, die Sylvia Plath zu unserer anerkannten Königin der Schmerzen gemacht hat, zur Sprecherin unserer privatesten, hoffnungslosesten Alpträume. Ihre Dichtung ist tödlich und makellos zugleich; sie verzaubert uns beinahe so stark, wie sie sie selbst verzaubert haben muß.«

Instabilität und das Bewußtsein, daß ihr immer neue Krisen bevorstünden, waren wesentliche Teile von Sylvia Plaths Wesen und Kunst. *The Colossus and Other Poems* wurde in den Vereinigten Staaten am Montag, den 14. Mai 1962, veröffentlicht. Am Freitag derselben Woche besuchten David und Assia Wevill, Untermieter der Hughes'schen Wohnung in London, das Paar in Devon. Der Abend verlief schlecht, und es gibt unterschiedliche Berichte darüber, was schiefging. Es scheint so, daß die Anziehung zwischen Ted und Assia spürbar wurde und daß Sylvia verständlicherweise darauf reagierte. Assia behauptete später, daß sich ihre spätere Affäre mit Ted nicht entwickelt hätte, wenn Sylvias Reaktion nicht so heftig gewesen wäre – was falsch und dumm klingt.

Innerhalb weniger Monate war Sylvia völlig von eifersüchtigem Zorn absorbiert. Mitte Juli, als Ted in London war (um Assia zu besuchen?), verbrannte Sylvia sämtliche seiner Papiere, die sie finden konnte – fraglos das Schlimmste, was man einem Schriftsteller antun kann, und Sylvia tat es zum zweiten Mal. Als die Seiten brannten, stocherte sie in der Asche und ein »Name mit schwarzen Rändern« enthüllte sich: »ASSIA«.

Im September war Ted bereits ausgezogen. Die Ehe war am Ende, und Sylvia blieb mit zwei kleinen Kindern untröstlich, aber nicht untätig zurück. Als Dichterin lebte sie von Verzweiflung, selbst wenn diese sie verzehrte. In ihren letzten Lebenswochen schuf sie viele ihrer großen, in der postumen Sammlung *Ariel* (1965) erschienenen Gedichte. Diese fieberhafte Arbeit war reinigend und ihre letzte: In der Nacht des 11. Februar versiegelte Sylvia vorsichtig das Schlafzimmer der beiden Babys und drehte den Gashahn in ihrer Wohnung in der Fitzroy Road auf. Am nächsten Morgen wurde sie tot aufgefunden. (Sechs Jahre später tötete Assia Wevill sich und ihre Tochter Shura, deren Vater Hughes war.)

Die Dinge brachen beinahe so rasch auseinander, wie sie zusammengefügt worden waren. Nur sieben Monate nach der liebevollen, wenn auch ominösen Widmung in dem Exemplar des *Colossus* trennte sich Sylvia von ihrem Mann und starb. Es wäre eine tröstliche Hoffnung, daß sie mit Prinz Otto zusammengekommen war, aber ich zweifle daran. Sie wurde indes zu einer Ikone der amerikanischen Feministinnen, die sich als skrupellos Entrechtete sahen und die Sylvia nicht gemocht hätte. Es ging so weit, daß man sie wie eine Vorkämpferin für die Rechte der Frau betrachtete. Aber nichts davon war sie; sie war viel zu sehr mit sich selbst beschäftigt, um irgend jemand anderen als sich selbst zu vertreten. Und dafür können wir ihr nur dankbar sein.

Sie mögen sich gewundert haben – wenn nicht, hätten Sie es tun sollen –, wie dieses Widmungsexemplar von *The Colossus* auf den Markt kam, da Ted Hughes bis 1992 höchst lebendig unter uns weilte. Die Antwort lautet: Er verkaufte es. Wie viele Autoren war Ted Hughes unsentimental, was das Treibgut der Literaturwelt anging, die verschiedenen Formen, die Papier annehmen kann: Manuskripte, Fahnen, Briefe, Widmungsexemplare. Er bewahrte solche Dinge auf (sein Archiv wurde schließlich an die Emory University verkauft), behandelte sie aber nicht wie Fetische. Der gewidmete *Colossus*, der vielen von uns wie ein magischer Gegenstand erscheint, war für ihn vermutlich nur eines von mehreren Büchern, die ihm seine Ex-Frau geschenkt hatte. Das – und eine Form von Geld.

Ich bekam es für 4000 Pfund von Roy Davids angeboten, dem Leiter der Buch- und Manuskriptabteilung bei Sotheby's, der ein Freund von Ted war und mitunter als sein Agent auftrat. Ich kaufte es ohne Zögern und dachte nur, daß es a) wundervoll war und b) mehr wert sein mußte als *das*. Nach einer Weile in seiner Gesellschaft, als meine Bindung zu ihm immer inniger wurde, zeichnete ich es im Katalog mit 9500 Pfund aus.

Kaum war der Katalog erschienen, erhielt ich einen Anruf von Roy Davids.

»Ted ist wütend!« sagte er.

Es war offensichtlich, worum es ging: »Warum das?«

»Er glaubt, daß Händler nur zehn Prozent kriegen sollten«, erwiderte Roy, der es besser wußte.

»Dann sollten Sie ihm erklären, daß wir oft, wenn wir Bücher verkaufen, Rabatte einräumen müssen, daß das Erstellen eines Katalogs Geld kostet und daß sich Bücher manchmal nicht verkaufen. Er ist es gewohnt, mit Auktionatoren zu tun zu haben, die nie ihr eigenes Geld einsetzen müssen und die sowohl den Käufer als auch den Verkäufer belasten.«

»Das habe ich ihm erklärt«, sagte Roy lakonisch, in einem Tonfall, der verriet, daß Ted ihm kein Wort davon abgekauft hatte. Ich wies darauf hin, daß Ted inzwischen das Geld (den Betrag, den er verlangt hatte) hatte, während ich nur ein unverkauftes Buch besaß.

Ich war nicht überrascht über diese Reaktion von Ted Hughes, mit dem ich in der Vergangenheit bereits verzwickte Geschäfte abgewickelt hatte. Einmal hatte ich ein Exemplar vom *Großen Gatsby* mit vielen Anmerkungen von Sylvia Plath in meinem Katalog, von dem Ted Hughes später behauptete, es sei ihnen aus ihrem Haus in Devon gestohlen worden. Ich gab es zurück, aber die nachfolgende Recherche zeigte, daß Sylvias Mutter es an sich genommen (und vermutlich nicht gestohlen) hatte. Ted gab es zähneknirschend zurück. Er war ein komplexer, schwieriger Mensch, der sein Charisma nicht gleich offenbarte. Seine Kräfte waren zurückgenommen und komprimiert, und er pulsierte förmlich vor innerer Energie. Es war ausgesprochen unangenehm, wenn er es auf einen abgesehen hatte.

Ich kann mich an kein Objekt meines Kataloges erinnern, das so viel Beachtung gefunden hätte und so bewundert worden wäre wie der *Colossus*. Es gab darüber sogar einen Briefwechsel in der *Times*, ausgelöst von einem früheren Freund von Sylvia, der der Ansicht war, daß ein solches Objekt das Land nicht verlassen dürfe (und indirekt, daß Ted es nie hätte verkaufen sollen). Dazu hatte ich keine Meinung, außer, daß ihm das Buch gehörte und es seine Sache war, ob er es verkaufte. Aber warum eine amerikanische Ausgabe eines Buches, das eine amerikanische Dichterin ihrem Mann gewidmet hatte, als ein Teil des englischen Kulturerbes betrachtet werden sollte, das blieb mir ein Rätsel.

Doch wie kontrovers auch immer es diskutiert wurde und wieviel Bewunderung es auch bekam: Das Buch fand keinen Käufer. Vielleicht war 1992 die Zeit noch nicht reif dafür. Oder zumindest nicht reif für meinen Preis, denn die Plath-Hughes-Industrie war gerade erst im Aufbau begriffen. *The Colossus* machte es sich in meinem Regal monatelang bequem, und obwohl ich seine Kraft weiterhin spürte, irritierte er mich mehr und mehr. Der Umstand, daß es sich nicht verkaufte, ließ es weniger und weniger begehrenswert erscheinen, selbst für mich.

Zum Jahresende verkaufte ich das Buch an einen gerissenen, anspruchsvollen Lyriksammler aus Philadelphia. Er hatte immer betont, daß es zu teuer sei, und machte ein Angebot über 5000 Pfund. Schließlich nahm ich es verärgert an. Er bekam ein großes Buch. Einige Jahre später wurde es, als er seine Sammlung auflöste, für wesentlich mehr als für meinen ursprünglichen Preis verkauft. Was es heute wert ist, läßt sich schwer einschätzen, aber ich würde sofort 25 000 Pfund dafür bezahlen und es mir dann überlegen.

Kaum hatte das Buch mein Geschäft verlassen, gewann es seine vormalige Macht zurück. Ich vermißte es sofort und tue es immer noch. Die einzige kleine Entschädigung lag darin, daß ich Roy Davids von der Preisreduzierung berichten und er damit Ted Hughes beweisen konnte, daß meine ursprüngliche Argumentation anständig gewesen war. Roy schlug vor, daß ich – was ein guter Rat war – die Sache vergessen solle, kam jedoch auf das Thema zu sprechen, als er Ted das nächste Mal in Devon besuchte. Anscheinend war er nicht sehr beeindruckt.

Wiedersehen mit Brideshead

Man sagt, daß Hundebesitzer ihren Tieren ähnlich werden. Oder ist es umgekehrt? Da ich nie einen Hund hatte, weiß ich es nicht und möchte auch keinem mein Gesicht zumuten. Doch eine abwegigere These – daß Bücher ihren Autoren ähnlich werden – scheint mir eine gewisse Gültigkeit zu haben.

Betrachten wir die folgenden beiden Romane, der eine 1928, der andere 1930 erschienen. Beide haben knallbunte Schutzumschläge mit lustigen, cartoonartigen Zeichnungen auf der Vorderseite: witzig, heiter, kindlich, unbekümmert. Offensichtlich sollen sie nicht nur etwas über ihren Inhalt, sondern auch über ihren Autor vermitteln – eindeutig wird das, wenn man erfährt, daß der Autor selbst die Entwürfe gemacht hat.

Das erste der beiden Bücher ist *Auf der schiefen Ebene*, das zweite *Lust und Laster*, geschrieben von Evelyn Waugh, und allein das Erscheinungsbild der Bücher weist ihn als eines jener »bright young things« der späten zwanziger Jahre aus. Und wie verschieden davon ist sein drittes, 1944 erschienenes Buch, das streng in einem steifen blaugrauen Umschlag gebunden ist, mit einem einfachen Schildchen, das den Titel – *Wiedersehen mit Brideshead* – und den Namen des Autors, ebendieses Evelyn Waugh, nennt.

Der Wechsel von der Heiterkeit in Ton und Aufmachung von Waughs frühen Büchern zur düsteren Farbe und Typographie von *Wiedersehen mit Brideshead* bedeutet natürlich mehr als einen Wandel in Wesen und Selbstdarstellung des Autors. *Wiedersehen mit Brideshead* wurde am Ende des Zweiten Weltkriegs veröffentlicht und berichtet unter anderem davon, wie eine Generation junger Leute ihre Unschuld verliert, die – nachdem sie den Schrecken der Schützengräben entkommen waren – eine relativ kurze und oberflächliche Zeitspanne der Heiterkeit erfuhren, die von den Ereignissen des zweiten Krieges brutal abgekürzt wurde.

Seltsamerweise wurde dieser wenig attraktive Band als Geschenk für Waughs Freunde gedruckt, in einer Auflage von nur 50 Exemplaren. Ihm ist ein Aufkleber beigefügt, der in strengsten Tönen verkündet:

»Diese Ausgabe ist ein Privatdruck für die Freunde des Autors. Keine Verkaufsexemplare. Die Herren Chapman und Hall verlangen mit allem Nachdruck, daß bis zu ihrer Ankündigung der Publikation der Normalausgabe Anfang 1945 keine Exemplare außerhalb des Kreises verliehen werden, für den sie bestimmt sind, und daß kein Hinweis auf das Buch in der Presse erscheint.«

Ich mag die Doppeldeutigkeit der Wendung »außerhalb des Kreises, für den sie bestimmt sind«, die sich streng auf jene Freunde bezieht, denen Waugh das Buch schickte, die aber zugleich auf Personen der richtigen Schicht zu verweisen scheint.

Im Buchgeschäft ist nicht klar, wie man diese Ausgabe von *Wiedersehen mit Brideshead* nennen soll. Ich habe sie als Fahnenexemplar angezeigt gesehen (was nicht stimmt, denn Fahnenexemplare werden von den Verlagen kostengünstig für den internen oder Pressegebrauch gedruckt). Und es ist auch kein Fall von Vorveröffentlichung, obwohl sie der ersten Verkaufsausgabe vorausgeht, die sechs Monate später mit einem durchgesehenen Text erschien. Es handelt sich ganz einfach um die erste Ausgabe von *Wiedersehen mit Brideshead*, und sie ist, wie man sich denken kann, sehr selten.

Viele Exemplare dieser Ausgabe tragen zudem einen gedruckten Hinweis mit der Entschuldigung des Autors, daß er wegen seiner Kriegsverpflichtungen nicht in der Lage gewesen sei, Exemplare zu signieren. Tatsächlich aber hat Waugh die meisten Exemplare, die mir untergekommen sind, dem einen oder anderen Freund gewidmet. Das bei weitem wertvollste darunter erhielt Graham Greene.

Irgendwann in den 90er Jahren bekam ich einen Anruf von Graham Greene, der in dem leicht spitzbübischen Ton, den er gern anschlug, fragte, ob es denkbar wäre, daß ich mich für sein – mit einer »kleinen Widmung von Evelyn für mich« versehenes – Vorabexemplar von *Wiedersehen mit Brideshead* interessieren würde.

»Ganz bestimmt«, antwortete ich bestimmt.

»Oh … gut«, erwiderte er, als hätte ich ihn überrascht. (Es machte viel Spaß, mit ihm Geschäfte zu machen.)

»Ich könnte Ihnen dafür 6000 Pfund geben«, sagte ich. Es war wichtig, daß ich so klang, als wüßte ich über den Wert Bescheid. Doch ein Buch dieser Art einzuschätzen ist schwierig, weil es einzigartig ist. Andere Widmungsexemplare im gleichen Fall hatten weniger eingebracht, aber dieses – Graham Greene gewidmete – war begehrenswerter.

Er dachte keine Sekunde darüber nach: »Das ist in Ordnung. Ich lasse Ihnen das Buch zukommen.«

Es ist schwer für mich, ein Buch auszupreisen, ehe ich es in Händen halte. Es ist eine Sache des Kennenlernens, des Aussehens und des Gefühls. Als *Wiedersehen mit Brideshead* mit seiner einfachen, aber perfekten Widmung (»Für Graham Greene dieses altmodische Buch von Evelyn Waugh«) eintraf, verliebte ich mich sofort, und mit jedem Tag liebte ich es stärker, und es erschien mir immer wertvoller. Anfangs hatte ich mir gedacht, daß ich 10 000 Pfund dafür bekommen könnte – ein vernünftiger Aufpreis –, aber als ich es sah, ging ich auf 12 000 Pfund. Während der nächsten Wochen hob ich den Preis in meinem Kopf ständig an, als hätte das Buch (oder mein Kopf) einen Taxameter, der sich unentwegt drehte.

Es wurde bald für 16 000 Pfund an jemanden aus der Antiquariatsbranche verkauft. Er zögerte nicht und hinterließ in mir das ungute Gefühl, daß er vielleicht mehr gezahlt hätte. Das passiert mir häufig. Ich nenne es Berties Paradox, nach einer Beobachtung, die mein Sohn im Alter von zehn Jahren anstellte. Ich hatte ihm voller Glück berichtet, daß ich gerade ein Buch für 12 500 Pfund verkauft und einen guten Gewinn erzielt hätte. Er dachte einen Augenblick lang nach.

»Wenn es dafür verkauft wurde, dann wette ich, daß du auch 13 000 Pfund bekommen hättest.«

»Wahrscheinlich«, gab ich zu.

»Und warum hast du es nicht?«

»Sieh es einmal so«, sagte ich in meiner besten pädagogischen Manier, froh darüber, ihm etwas beizubringen, »wenn ich 13 000 Pfund hätte bekommen können, dann sicher auch 13 500 Pfund?«

Bertie stimmte zu.

»Aber dann wären auch 14 000 Pfund möglich gewesen, nicht wahr? Und so weiter und so fort. Du könntest bei einer Million enden.«

Er sah, was ich meinte, und nickte.

»Ich hab es begriffen«, sagte er, »aber ich denke immer noch, du hättest 13 000 Pfund bekommen können. 500 Pfund, das ist viel Geld.«

Bevor ich *Wiedersehen mit Brideshead* in den Katalog aufnahm, rief ich Graham Greene an, um ihm meine veränderte Einschätzung des Wertes mitzuteilen und ihm einen weiteren, substantiellen Scheck zu versprechen, sobald das Buch verkauft sei.

»Auf keinen Fall«, sagte er. »Wenn wir uns auf einen Preis einigen, dann heißt das, daß ich mit dem, was ich bekomme, glücklich bin. Wenn Sie es gut hinbekommen, dann gut für Sie.«

So weltläufig, so großzügig, so weise. Aber er war auch deshalb zufrieden, weil er ein anderes Exemplar des Buches besaß, die erste, 1945 herausgekommene Verkaufsausgabe mit einer ähnlich reizenden Widmung. Ich bot an, auch diese zu kaufen, aber das ging zu weit.

»Es ist eines meiner Lieblingsbücher«, sagte er ein wenig scharf, »und ich habe vor, es wiederzulesen.« Ich spielte mit dem Gedanken, ihm eine Penguin-Ausgabe zum Wiederlesen zu schicken, entschied mich aber dagegen.

Wiedersehen mit Brideshead wurde 1943 begonnen, doch Waugh gelang es nicht, ohne Unterbrechung am

Manuskript dranzubleiben; er arbeitete zwischen seinen verschiedenen Missionen und Dienstreisen, vor allem nach Jugoslawien und Italien, daran. Er verlebte eine verhältnismäßig friedliche Kriegszeit und streifte mit Kameraden in fremden Ländern herum, auf der Suche nach angemessener Gesellschaft und gutem Essen. Reizbar, selbst wenn alles zum besten stand, entsprach er nicht ganz dem Modellsoldaten. Eine seiner Abkommandierungen endete nach vierundzwanzig Stunden, als sein befehlhabender Offizier ihn rügte, weil er zum Abendessen zuviel getrunken hatte. Waugh entgegnete leichthin, daß er nicht einsehe, weshalb er wegen einer kleinen Laune seine Lebensgewohnheiten ändern solle. Der Konflikt wurde noch dadurch verschärft, daß Waugh dem Offizier bereits ein Glas Rotwein in den Schoß gegossen hatte.

Es war also kein Wunder, daß Waughs Vorgesetzte, als er beim Kriegsministerium um Urlaub auf unbestimmte Zeit ansuchte, um an seinem Roman zu arbeiten, nur kurz nachdachten und zustimmten. Waugh hatte seine Sache überzeugend vertreten. Er war ein hundsmiserabler Soldat. Er war, wie er betonte, zu alt, technisch unverständig, körperlich träge, unerfahren in der Verwaltung, sprachlich beschränkt und vom Gedanken an die literarische Arbeit besetzt. Da, so Waugh, Unterhaltung ja mittlerweile als legitimer Beitrag zu den Kriegsanstrengungen betrachtet werde, sei es sicher besser, wenn er gut schriebe und nicht schlecht diene. Und zudem, merkte er an, sei es schwierig, seine große Familie mit einem Leutnantsgehalt zu unterhalten.

Man kann sich schwer vorstellen, daß ein solches Argument heute ziehen würde, doch ich vermute, daß die Armee ebenso begierig darauf war, eine Pause von Waugh zu machen wie er von ihr. Der Abschied wurde bewilligt, und er machte sich rasch in ein Hotel nach Devon davon – seine gewohnte Art zu schreiben – und arbeitete an einem Roman, den er *Der Haushalt des Glaubens* nannte. Daraus sollte *Wiedersehen mit Brideshead* werden. Die Arbeit war für ihn eine Art neuer Anfang; die Prosa wurde auf einem höheren rhetorischen Niveau angesetzt als in seinen vorangegangenen Romanen und erreichte eine neue Ebene der Ernsthaftigkeit. Methodisch und diszipliniert wie eh und je wußte er bis aufs Wort, was er an jedem Tag und in jeder Woche geschrieben hatte. Zum ersten Mal jedoch begann Waugh während des Schreibprozesses mit der Durchsicht, und es quälte ihn, wie langsam dieser Prozeß vonstatten ging: »Ich bin in einen Sumpf des Neuschreibens gefallen. Jeden Tag gehe ich über das drüber, was ich am Tag zuvor geschrieben habe, und kürze es. Ich werde, was den Stil angeht, keusch wie eine alte Jungfer.«

Nach Ostern zog er um ins Hyde Park Hotel und gab vor, als Journalist zu arbeiten, um seine Beurlaubung zu verlängern. Er machte stetige Fortschritte mit seinem Opus magnum, das, wie er seinem Agenten A. D. Peters berichtete, so lang werde, daß es sich in eine Magnumflasche verwandele. Obwohl er schließlich in die Armee zurückberufen wurde, ging die Arbeit am Roman konstant voran, und er beendete ihn im Juni 1944.

Untypischerweise war er mit dem Ergebnis zufrieden: *Wiedersehen mit Brideshead* war, wie er glaubte, sein Meisterwerk, ein düsteres eschatologisches Werk, das doch voller Hoffnung war, und zwar nicht darauf, daß nichts als Katastrophen bevorstünden, sondern daß der befreite menschliche Geist alle Katastrophen überleben könne. Einmal abgeschlossen, wurde das Buch schnell gesetzt und auf Waughs Kosten gebunden; die limitierte Ausgabe wurde seiner Familie und seinen engen Freunden als Weihnachtsgeschenk übersandt.

Falls Waugh *Wiedersehen mit Brideshead* als den sprichwörtlichen geschenkten Gaul ansah, lag es an seinen Freunden, diesem ins Maul zu schauen. Wie die meisten Schriftsteller verlangte er nach kritischen Einschätzungen und war übermäßig empfindlich, wenn sie kamen. Er war sehr dankbar, wenn es um die Korrektur sachlicher Fehler ging, zum Beispiel als Pfarrer Roland Knox ihm mit Details zu Kirchenweihen behilflich war. Nancy Mitford (die das gute Gespür hatte, das Buch zunächst einmal einen »Klassiker« zu nennen) half ihm bei einer Modefrage: »... ein schlimmer Fehler. Diamantene Clips gab es erst nach 1930; man trug einen Diamantpfeil an seinem Glockenhut.«

Stärker fürchtete er Reaktionen auf die (verhältnismäßig moderate) sexuelle Freizügigkeit des Buches. Die Abschnitte, die Julias Ehebruch mit Charles betrafen, hatten ihm große Schwierigkeit bereitet:

> »Ich empfinde sehr stark die Sinnlosigkeit, sexuelle Gefühle zu beschreiben, ohne den sexuellen Akt zu beschreiben. Ich würde die beiden Geschlechtspartner gerne mit genauso vielen Details ausstatten wie die Mahlzeiten. Es wäre nicht mehr oder weniger obszön, die beiden der Phantasie des Lesers zu überlassen, die in diesem Fall nicht so präzise sein kann wie meine.«

Ich bezweifle das: Das Wort »Geschlechtspartner« läßt
die Katze aus dem Sack. Wenn wir uns einen der relevan-
ten Abschnitte ansehen, wird das Problem offenkundig.
Als Ryder erstmals Sex mit Julia hat, zeigt Waughs Beschreibung sein Unbehagen und seine Verlegenheit:

> »So ergriff ich bei Sonnenuntergang in aller Form als
> Liebhaber Besitz von ihr (…) Nun auf den tobenden
> Wassern, als ich mich von ihren schmalen Lenden lö-
> ste (…) da die Wogen sich noch mal donnernd am Bug
> brachen, war der Akt dieser Besitzergreifung ein Sym-
> bol, ein Ritus uralter Herkunft und voll einer ernsten
> Bedeutung.«

Das klingt nicht nach viel Spaß für das Mädchen, kein
Wunder, daß die Affäre im Sand verläuft. Das ist, wie
Graham Greene bemerkte, ein unglücklicher Abschnitt.
Er wurde völlig umgeschrieben und ein wenig besser in
der überarbeiteten Ausgabe von 1960. Aber Waugh fühlte
sich beim Beschreiben der »Geschlechtervereinigung«
vermutlich nicht behaglicher, als wenn er sie praktizierte.
Katharine Asquith konnte sich kaum überwinden, das
Vorabexemplar von *Wiedersehen mit Brideshead* zu lesen,
und Waughs Frau Laura zeigte sich ein wenig verlegen
bei den betreffenden Abschnitten und war so geistvoll,
es nicht zu sagen. Seine klerikalen Freunde unterstützten
ihn überraschenderweise. Wenn Waugh den Sexualakt
schon beschreiben mußte, dann wurde er hier zumindest
wie eine göttliche Gnade betrachtet und beschrieben.
Ungeachtet seiner Vorbehalte gegenüber dem endgül-
tigen Text war Waugh mit dem Ergebnis zufrieden und

erleichtert, damit fertig zu sein. »Niemals war ich glücklicher«, schrieb er Laura. »Ich sehe nichts als unschuldige Freude vor mir.« Er war sich sicher, daß das Buch ein Meisterwerk war, und das Publikum pflichtete ihm bei. Das Buch war sofort ausverkauft, konnte allerdings wegen Papierknappheit nicht nachgedruckt werden.

Seine finanzielle Zukunft war gesichert, als das Buch nach der Veröffentlichung vom amerikanischen Club »Buch des Monats« erworben wurde und sich 750 000mal verkaufte. Für die Filmrechte wurden ihm 150 000 Pfund angeboten, doch er lehnte am Ende ab, da er sich keine angemessene Kontrolle über das Drehbuch sichern konnte.

Zur Feier gab Waugh eine Büste von sich selbst in Auftrag, die ein Bildhauer namens Paravicini anfertigte und die ich leider nie gesehen habe. Waughs Biograph sagt, sie lege die »selbstgefällige Gutmütigkeit eines anglikanischen Schuldirektorbischofs« nahe. (Gleich beides? Direktor und Bischof?) Waugh bekannte Laura, daß ihm die Büste recht gut gefiel:

»Sie ist ausgesprochen meisterhaft, mit einem eher griesgrämigen Ausdruck, aber sehr kraftvoll, fast wie Beethoven. Sie wird dir ein liebenswerter Besitz sein und in Wirklichkeit eine Serie von Besitztümern, denn ich habe vor, sie in Bronze und Terrakotta und Blei zu gießen und mit ihr zu reisen, wie Gerald Wellesley es mit der Büste seines großen Vorfahren tat. Du kannst dir vorstellen, welches Interesse und welche Erregung das bei mir ausgelöst hat.«

Das wäre unerträglich, wenn es nicht ein wenig selbstironisch wäre. Als er endlich eine der Büsten besaß, stellte er sie auf die Anrichte und setzte ihr einen frechen Hut auf. Er hatte immer einen Sinn für das Groteske und Absurde und mochte es, sich selbst lächerlich zu machen.

Reichtümer bekamen Waugh nicht so gut; er konnte seiner Vorliebe nachgehen, große Häuser zu kaufen, Viktorianisches zu sammeln, seine Bibliothek aufzubauen und seinen Weinkeller aufzustocken. Aber es fehlte ihm der Antrieb, wegen des Geldes schreiben zu müssen, der seinen Geist schärfte und seinen Appetit anregte. In höherem Alter nahmen seine Launen zu, wuchs sein Snobismus und verfestigte sich seine Misanthropie. Man kann diesen Wandel am Erscheinungsbild seiner Nachkriegsbücher ablesen. Keines dieser späteren Bücher hat, wenn man sich die Umschläge ansieht, etwas vom heiteren Geist seines Frühwerkes. Keines hat wenigstens die feierliche Kargheit, die der steife blaugraue Umschlag der Erstausgabe von *Wiedersehen mit Brideshead* vermittelt.

Drei Geschichten und zehn Gedichte

Meine Tante Millicent ist jetzt pensioniert; lange Zeit jedoch arbeitete sie als Psychoanalytikerin. Einmal erzählte sie mir mit großer Befriedigung von einem Patienten, dem Zahnarzt Bernie, der ihr nach Jahren auf der Couch gestand, daß er keine feindseligen Gefühle mehr gegenüber seinen Patienten hege. Er habe unlängst seinen Mittwochsgolfpartnern – Zahnärzte wie er – von seiner inneren Wandlung erzählt. Sie seien erstaunt gewesen: Es sei, bekannten sie, für einen Zahnarzt gänzlich unmöglich, seinen Patienten gegenüber *nicht* feindselig eingestellt zu sein.

Sie haben mir vielleicht bereits Hintergedanken bei dieser Geschichte unterstellt: Wenn man statt Zahnärzte Händler seltener Bücher liest und statt Patienten Kunden, mag man ein entsprechendes psychologisches Syndrom ausmachen. Ich muß leider zugeben, daß ich selbst daran leide. Nicht in bezug auf alle Buchsammler, aber sicher auf eine bedeutende Minderheit unter ihnen. Dabei handelt es sich in der Regel um reiche und äußerst kauflustige Amerikaner – eine liebenswerte Mischung von Eigenschaften. Das Problem besteht darin, daß sie alle die gleichen seltenen Bücher suchen und wollen, daß diese wie neu aussehen.

Die Preisunterschiede zwischen Exemplaren von Erstausgaben mit normalen Gebrauchsspuren und makellosen Exemplaren sind immer beträchtlich gewesen, doch inzwischen sind sie absurd geworden. Bei einer Auktion neulich in New York tauchte ein Exemplar von Ernest Hemingways erstem, 1923 in Paris veröffentlichten Buch *Three Stories and Ten Poems* auf, das in so hervorragendem Zustand war, daß man es für neu hätte halten können. Obwohl nur 300 Exemplare davon gedruckt wurden, ist es nicht ganz selten, und wenn man genug Geld hat, kann man normalerweise eines auftreiben. Nur ein paar Monate zuvor war in London ein hübsches Exemplar für 22 000 Pfund verkauft worden. Das in New York brachte 70 000 Pfund – warum? Sie werden es kaum glauben: Es lag daran, daß es noch seinen Pergamentumschlag hatte. Nein, nicht etwa einen bedruckten Schutzumschlag – das Buch hatte nie einen –, sondern nur eine äußere Umhüllung aus Schreibwarenpergament (eine Art sprödes, durchscheinendes Seidenpapier, wie es die Franzosen lieben), mit der es auf den Markt kam.

Obwohl dieser Pergamentschutz selten ist, finden sich Exemplare von *Three Stories and Ten Poems* ungewöhnlich oft in gutem Zustand. Mir wurde erzählt, daß ein einfallsreicher amerikanischer Bücherscout irgendwann Ende der 60er Jahre Darantières Druckereien in Dijon aufsuchte, um nachzufragen, ob man irgendwelche Bestände verkaufen wolle. Er traf auf gallisches Achselzukken, bis sich jemand daran erinnerte, das in den Regalen im Lagerraum einige alte Bücher lägen. Der findige Händler kaufte sie alle, darunter einen Karton voll mit nagelneuen Exemplaren von *Three Stories and Ten Poems*, für die er den Originalpreis von zwei Dollars bezahlen mußte.

Vom Erscheinungsbild her ist *Three Stories and Ten Po-*

ems ein perfektes Beispiel für die schmalen, privat gedruckten Bücher jener Zeit: mit ihrem hausgemachten Charme, den attraktiven grauen typographischen Einbänden und der überraschend guten Druckqualität. Sie haben nicht das Fade und Einförmige vieler der damals regulär publizierten Bücher.

Er mochte noch recht neu auf der Bildfläche sein, doch die Leute hatten von Ernest Hemingway gehört. Zwei Jahre zuvor war er in Paris eingetroffen, mit seiner neuen Frau Hadley und Empfehlungsschreiben für Ezra Pound, Gertrude Stein und Sylvia Beach. Er war ein muskulöser, munterer Journalist – die literarische Verkörperung von Puhs Freund Tigger –, der einige wenige Prosastücke und Gedichte veröffentlicht hatte. Gertrude Stein fand ihn attraktiv und war entzückt, wie leidenschaftlich er sich für Ideen, besonders für ihre, interessierte. Pound erklärte ihn bald zum besten Prosastilisten auf der Welt.

In einer literarischen Ära, die von der opulenten Prosa Virginia Woolfs und D. H. Lawrences oder dem obskuren Modernismus von Gertrude Stein und Joyce beherrscht war, schien die asketische Stimme Hemingways eine reduzierte Vollkommenheit zu besitzen. Seinem Biographen Carlos Baker zufolge war sein Stil präzise und genau und doch äußerst konnotativ, nackt und einfach und doch voll poetischer Intensität.

Nehmen wir zum Beispiel die Eingangsszene in der Kurzgeschichte *Oben in Michigan* aus dem Band *Three Stories and Ten Poems*:

»Jim Gilmore kam aus Kanada nach Hortons Bay. Er kaufte dem alten Horton die Schmiede und die Eisenhandlung ab. Jim war stämmig und dunkel, mit einem großen Schnurrbart und großen Händen.«

Die Bewunderer lieben die Suggestionskraft seines Schreibens, das Wenige, das dazu gehört, und das große Gebiet, das es zurückzuhalten und anzudeuten vermag. Es birgt die archetypischen Rhythmen des mittleren Westens der Vereinigten Staaten, die Stimme eines freimütigen und doch sensiblen Mannes, voller Mißtrauen gegen das Ornament, das Übermaß, ja beinahe gegen die Sprache selbst. Es ist wahrlich bemerkenswert, kein Zweifel, aber ich frage mich oft, ob Hemingway nicht einfach ein Profi war, der den richtigen Prosastil fand, um die Begrenztheit seiner Ansichten und seiner Sympathien sowohl zu inszenieren als auch zu verbergen.

Aber steht es mir zu, so etwas zu sagen? Jeder liebte ihn. Als er Pound in Italien besuchte, hatte er das Glück, Robert McAlmon und Edward O'Brien vorgestellt zu werden, die seiner jungen Karriere entscheidend auf die Sprünge helfen sollten. McAlmon, ein im Ausland lebender amerikanischer Schriftsteller mit einer reichen englischen Frau, bot sofort an, Hemingways erstes Buch in seinem Verlag Contact Publishing herauszubringen, bei dem man sich des Verdachts nicht erwehren kann, daß er ihn vor allem gegründet hatte, um seinem eigenen Werk den Weg in die Welt zu ebnen. O'Brien, Lektor einer Buchreihe, die jedes Jahr die besten amerikanischen Kurzgeschichten zusammenfaßte, nahm sofort eine von Hemingways Geschichten an. Er war von seinem neuen Fund derart beeindruckt, daß er Hemingway bat, ihm den Band von 1923 widmen zu dürfen. Hemingway war vor Freude ganz außer sich: »Ich werde ein sehr feierliches Gelübde gegenüber Ihnen und Gott ablegen, in meinem ganzen Leben niemals an andere Leser außer an Sie und Gott zu denken, während ich meine Geschichten schreibe.«

Eines der besten Bücher in meiner eigenen schmalen Sammlung von Erstausgaben ist ein Exemplar von *Three Stories and Ten Poems*, das eine Widmung Hemingways für Edward J. O'Brien enthält. Bezeichnend genug steht diese unter der gedruckten Widmung des Buches: »Dieses Buch ist für Hadley«, dem Hemingway hinzufügte: »Und dieses ist für Edward J. O'Brien von Ernest Hemingway.« Hemingway scheint also wegen O'Briens wohltätigem Einwirken auf seine Karriere so starke Gefühle entwickelt zu haben, daß er dem Buch eine zweite Widmung verlieh. (Ich rede mir ein, daß das Buch dadurch wertvoller ist als dieses verrückte bei der Auktion, doch ich habe meine Zweifel.)

Als der Band *The Best Short Stories of 1923* im Januar 1924 erschien, enthielt er Hemingways Geschichte *Mein Alter*. Und wie O'Brien es versprochen hatte, erwies er Hemingway die einzigartige Ehre, ihm den gesamten Band zu widmen. Das einzige Problem war, daß die Widmung »Für Ernest Hemenway« lautete. In Anbetracht dessen, daß Hemingway damit zum ersten Mal in Amerika in einem veröffentlichten Buch auftauchte, war dieser entsetzliche Schnitzer, der an mehreren anderen Stellen im Buch wiederholt wurde, unverzeihlich. Hemingway erinnerte sich an diese Episode viele Jahre später in *Paris – ein Fest fürs Leben*. Er stellte stolz fest, daß O'Brien seine eigene Regel gebrochen hatte, als er eine zuvor unveröffentlichte Geschichte abdruckte, und hielt die falsche Schreibweise seines Namens fest. Aber Hemingway war ein pragmatischer Typ und nicht nachtragend. Nach ein paar Jahren war sein Ärger verraucht, und 1926 verwendete er ein Zitat von O'Brien auf dem Schutzumschlag der ersten amerikanischen Ausgabe von *In unserer Zeit*.

Die 300 Exemplare von *Three Stories and Ten Poems*, die McAlmon im Juli 1923 produzierte, kosteten zwei Dollar das Stück, und selbst bei dem kleinen Format von etwa 17 x 11 cm belief sich der Text auf nicht mehr als 55 Seiten. Sechs der Gedichte waren zuvor in der Zeitschrift *Poetry* veröffentlicht worden, aber die Kurzgeschichten waren neu (und *sehr* kurz). Niemand hätte behaupten können, daß die Gedichte besonders gut seien oder viel mit den Geschichten zu tun hätten, obgleich Hemingway große Stücke auf sie hielt. Sie waren, wie die übermäßig große Zahl von Leerseiten am Anfang und am Ende des Buches, dazu da, das Buch aufzublähen. Denn mehr als drei Geschichten und zehn Gedichte hatte Hemingway in der Tat nicht vorzuweisen. Das war seine komplette literarische Produktion, da seine Frau Hadley den Rest verloren hatte.

Die Geschichte ist viele Male erzählt worden, war Gegenstand von Stücken und Romanen und existiert in vielen Versionen. Die Fakten sind jedoch klar. Als sich Hadley im November 1922 entschloß, Hemingway in Lausanne zu treffen, wo er über die Friedenskonferenz berichtete, packte sie ihre Tasche und machte sich auf zur Gare de Lyon. Sie war so liebevoll, Ernests Manuskripte mitzunehmen für den Fall, daß er an ihnen arbeiten wollte:

handgeschriebenes Material, Typoskripte und – dummerweise – Karbonkopien all seiner Werke. Darunter befanden sich der Entwurf eines Romans, elf Kurzgeschichten und eine Menge Gedichte.

Am Bahnhof machte sie sich, durstig und allein, auf die Suche nach einem Mineralwasser und einer englischen Zeitung. Sie bat – den wohlwollendsten Berichten zufolge – einen Träger, auf ihren Koffer aufzupassen. Als sie ein paar Minuten später zurückkam, war er fort. Als sie Hemingway schließlich in Lausanne traf, war sie so außer sich, daß es ihm unmöglich war, herauszufinden, was passiert war. Hatte sie eine Affäre? Hatte sie sich in jemand anderen verliebt? Schlimmer, gab sie unter Tränen zu verstehen. Und schließlich brach – einem Freund zufolge – Hemingways größte Furcht aus ihm heraus: »Dann hast du mit einem Neger geschlafen, gib's zu!«

Viel, viel schlimmer, heulte sie: Seine ganzen Manuskripte seien weg, alle. Völlig entsetzt nahm Hemingway den nächsten Zug nach Paris und stellte die Gare de Lyon auf den Kopf. Nichts. Sein Lebenswerk (abgesehen von zwei Geschichten, von denen sich eine unten in einer Schublade befand und eine andere an einen Verlag geschickt worden war) war dahin. Er wußte sofort, daß er das verlorene Material nicht ein zweites Mal schreiben konnte, weil es, so Hemingway, die lyrische Leichtigkeit des Knabenalters hatte, die ebenso vergänglich und trügerisch war wie die Jugend. Hadley zufolge erholte er sich nie vom Schmerz dieses unwiederbringlichen Verlustes. Eine Zeitlang glaubte er, nie wieder zu schreiben, ließ sich aber schließlich von dem strengen Rat Gertrude Steins ermutigen: Fang wieder an! »Konzentriere dich!«

Vielleicht war es im nachhinein ein Segen. Sie hatte seine frühen Arbeiten nicht sehr gemocht – Hemingway im Rückblick auch nicht. Später in *Paris – ein Fest fürs Leben* bemerkte er, daß es wahrscheinlich gut für ihn gewesen sei.

Er fügte *Schonzeit* zu den übriggebliebenen zwei Geschichten hinzu, und mit dem Ballast der zehn Gedichte und vielen weißen Seiten schusterte Hemingway bald sein erstes Buch zusammen. Es wurde von Pound und McAlmon begeistert unterstützt, von Darantière in Dijon gedruckt und über Sylvia Beachs Buchhandlung Shakespeare and Company vertrieben. »Dieselbe Mannschaft«, verkündete Hemingway stolz, »die *Ulysses* herausbrachte.«

Anders als *Ulysses*, der, als er ein Jahr zuvor erschienen war, groß besprochen worden war, nahm kaum jemand von *Three Stories and Ten Poems* Notiz, abgesehen von Hemingways Mutter Grace. Seit seiner Teenagerzeit hatte sie sein Schreiben als morbid empfunden, und sie war besonders entsetzt darüber, daß ihr Sohn den geilen Liebhabern in *Oben in Michigan* reale Namen von Freunden der Familie gegeben hatte. Einige Jahre später verbannte sie das von ihm Geschriebene aus ihrem Haus und verkündete, daß ihr jede Seite schlimme Abscheu hervorrufe. Besonders haßte sie *Fiesta*, das sie als eines der schmutzigsten Bücher des Jahres verdammte – ein Urteil, das eine verdächtige Kenntnis verrät.

Betrübt vom Ausbleiben bedeutender Resonanz, schickte Hemingway ein Exemplar des Buches an den amerikanischen Kritiker Edmund Wilson, der es mochte und wenig später kurz in der Zeitschrift *The Dial* erwähnte.

Aber der Mangel an Aufmerksamkeit machte nichts aus: *In unserer Zeit* wurde 1924 in Paris und ein Jahr später in Amerika veröffentlicht, und Hemingway war nicht mehr aufzuhalten. Nach wenigen Jahren beklagte er sich, daß er selbst kein Exemplar von *Three Stories and Ten Poems* besitze und daß er nicht den mittlerweile üblichen Preis von 150 Dollar pro Stück zahlen werde: Das wäre so, als ob die Schlange ihr eigenes Ende fräße, um an Geld zu kommen. Das erste Exemplar, das bei einer Auktion auftauchte, brachte 1932 130 Dollar ein. Seit damals ist das Buch regelmäßig in Auktionsräumen zu sehen, manchmal in Gesellschaft dieses hauchdünnen, kaum spürbaren Pergamentschutzes, für den der Markt einen Mehrwert von 50 000 Pfund festgelegt hat. Offenkundig gibt es nichts Verlockenderes: ein unberührtes Exemplar, achtzig Jahre alt, von der Zeit unversehrt.

Die einzige Frage, die ich im strahlenden Licht solcher Vollkommenheit stelle, ist: Warum? Bei antiken Möbeln würdigen wir die Spuren, die die Zeit auf der Oberfläche eines Gegenstandes hinterläßt, und nennen sie Patina. Bei Gemälden heulen wir auf, wenn ungeschickte Restauratoren ein Bild so wiederherstellen, wie es an dem Tag ausgesehen haben könnte, da es gemalt wurde. Das Kriterium, daß ein Gegenstand in perfektem ursprünglichen Zustand sein solle, bleibt für gewöhnlich dem Sammeln von unsinnigem Schnickschnack vorbehalten: von Briefmarken, Teddybären oder niedlichem Spielzeug. Aber Bücher? Bücher?

Wie konnte es dazu kommen? Und warum? Welches – wie ein Analytiker fragen könnte – Krankheitsbild verbirgt sich dahinter? Denn dieses aberwitzige Beharren auf einem perfekten Zustand besticht mehr als ein Symptom denn als vernünftiges Ziel.

Ich bin ein bloßer Amateur in solchen Dingen, aber selbst ich kann erkennen, wenn irgend etwas Schräges vor sich geht. Auf jeden Fall reizt und verstört es mich. Meine Freunde schlugen mir vor, Tante Milly um Rat zu fragen.

Sie hörte mir mit der typischen Bedachtsamkeit eines Therapeuten zu. »Da spielen mehrere Dinge eine Rolle«, sagte sie nachdenklich. »Zuerst geht es vermutlich um den Besitz des Jungfräulichen. Der Sammler erfährt ein besonderes erotisches Vergnügen durch die unbefleckte Qualität des Objekts, das er allein liebkosen darf. Es versetzt ihn – ich nehme an, wir sprechen hier von Männern, oder? – in ein intimes Verhältnis zu dem Gegenstand.«

Das schien mir einleuchtend.

»Und dennoch«, fügte sie hinzu, »gibt es hier, wie oft, wenn es um Formen verlagerter sexueller Aktivität geht, auch eine große Portion Angst …«

»Angst?« fragte ich.

»Vor Ansteckung, davor, bei einer unerlaubten Tätigkeit, derer man sich schämt, erwischt zu werden …«

»Nun aber gut, Tantchen«, sagte ich eilig, »wir sprechen hier über das Sammeln von Büchern …«

»Das Buch wird in eine perfekte Hülle eingeschlagen, und beides wird in einen Karton eingeschlossen. Prophylaxe hat sicher damit zu tun. Man kann daraus, denke ich, eine morbide Angst vor Ansteckung ableiten …«

»Ansteckung?«

»Ja, mein Süßer«, sagte sie (sie ist eine sehr liebevolle

Tante), »wir leben in einer Welt, in der die Angst vor Aids beinahe so akut ist wie die vor dem Altern. Beinahe jeder fürchtet den Tod, ist ängstlich beim Sex, will jung aussehen und es immer bleiben.«

»Meinst du …«, setzte ich erstaunt an.

»Genau!« rief sie. »Sie suchen eine Ersatztätigkeit. Das Buch wird zur objektiven Entsprechung des Zustands, nach dem sie sich sehnen, und gleichzeitig ein Talisman, der all das abwehrt, was sie am meisten fürchten. Deshalb war unser kleines Hemingway-Buch so teuer.«

»Und das heißt?« fragte ich nachdenklich und brachte das alles kaum zusammen.

»Das heißt« sagte sie fest, »daß vom Standpunkt eines Psychoanalytikers das Sammeln von Büchern wirklich eine sehr rationale Tätigkeit ist und du dich davon nicht abbringen lassen solltest.«

»Danke, Tantchen«, sagte ich, »du hast mir sehr geholfen. Warte, bis ich das meinen Freunden erzähle!«

»Vielleicht sollte ich dich Bernie vorstellen«, sagte sie. »Du magst Golf, oder? Du solltest öfter rauskommen.«

DIE SATANISCHEN VERSE

Im allgemeinen führen Buchhändler ein glückliches, friedliches und geordnetes Leben. Wir leben wie Kaiser von Liliputanerreichen: mürrisch, aber gutartig und bemerkenswert unbehelligt von jeglichen Störungen, die unangenehm an die Wirklichkeit gemahnen könnten. Abenteuer beschränken sich auf den Handel, und das vergleichsweise Fehlen von Aufregungen wird wettgemacht durch die Leichtigkeit des Lebens, die Geistesverwandtschaft der Bücher und die Gesellschaft von anderen Buchhändlern und Sammlern. So war es für mich recht überraschend, als ich mich in die Fatwa eingeschlossen sah, die gegen Salman Rushdie ausgesprochen wurde.

Ich vermute, daß das damals ins Auge gefaßte Buchprojekt nicht ganz ungefährlich war, denn in meiner Sixth Chamber Press wurde gerade ein neues Buch Rushdies – *Two Stories* – gedruckt. Eine der beiden Geschichten – *Das Haar des Propheten* genannt – ist, wie man mir sagte (ich kenne mich da nicht aus), fundamentalistisch betrachtet von fragwürdiger Frömmigkeit. Soviel ich weiß, erreichte die Nachricht von diesem obskuren Band aber niemals Teheran. Die schleppenden Verkäufe von 72 Exemplaren gaben nie Anlaß zur Vermutung, daß er in das englische, geschweige denn in das iranische Bewußtsein vorgedrungen sei.

Mir wurde jedoch eine kleine Rolle bei der Publikation

der *Satanischen Verse* zuteil, und es wurde verfügt, daß auch solche Personen von der gegen Rushdie ausgesprochenen Todesandrohung betroffen waren. Am 14. Februar 1989 hatte Ayatollah Khomeini, der geistliche Führer der Schia-Muslime, ein unzweideutiges Edikt erlassen:

> »Ich möchte alle unerschrockenen Muslime in der Welt davon unterrichten, daß der Autor des Buches *Die satanischen Verse*, das in Opposition zum Islam, zum Propheten und zum Koran verfaßt, gedruckt und veröffentlicht worden ist, sowie die Verleger, die sich des Inhalts bewußt waren, zum Tode verurteilt worden sind. Ich rufe alle pflichteifrigen Muslime dazu auf, dies rasch zu vollstrecken.«

Zwar blieb der Autor unversehrt, aber der italienische Übersetzer des Buches und dessen norwegischer Verleger wurden in der Folge angegriffen, und der japanische Übersetzer wurde ermordet, so daß ich vermutlich einen gewissen Grund hatte, alarmiert zu sein.

Die Fatwa war eine Reaktion auf die Gewalt, die die Publikation des Buches hervorrief, nicht deren Ursache. Die Chronologie ist lehrreich. Nach dem Erscheinen des Buches in England am 26. September 1988 wurde es am 5. Oktober in Indien verboten, am 24. November in Südafrika und dann in Pakistan, Saudi Arabien, Ägypten, Somalia, Bangladesch, Sudan, Malaysia, Indonesien und Katar. *Die satanischen Verse* wurden am 14. Januar öffentlich in Bradford verbrannt und in breitem Umfang von muslimischen Geistlichen in ganz Großbritannien angeprangert, was seinen Höhepunkt in einer Demonstration im Hyde Park am 27. Januar erreichte. »Wie zerbrechlich ist die Zivilisation; wie leicht und wie fröhlich werden Bücher verbrannt!« bemerkte Rushdie traurig. Am 12. Februar starben in Islamabad fünf Menschen bei Unruhen nach Protesten gegen den Roman. Zwei Tage später wurde die Fatwa ausgesprochen.

Wie viel davon war vorhersehbar gewesen? Einer der Gutachter des Verlages hatte angeblich prophezeit, daß es bei Erscheinen des Buches »Blut auf den Straßen« geben würde, doch ich glaube nicht, daß irgend jemand im Viking Verlag die Reaktion hätte vorhersehen können. Selbst Rushdie, der wußte, daß das Buch Kontroversen hervorrufen würde (und dies im Sinn hatte), zeigte sich erstaunt über die Gewalt der Gegner. *Die satanischen Verse* wurden in der muslimischen Welt geschmäht, aber nicht viel gelesen. Abschnitte des Buches wurden exzerpiert, billig gedruckt und in den Moscheen verteilt, um Gefühle zu entfesseln. In einem Abschnitt, der als besonders beleidigend angesehen wurde, hat eine Figur lüsterne Träume über die Frauen des Propheten. Rushdie erwiderte richtig, daß solche Passagen im Zusammenhang gelesen werden müßten. Als Ganzes betrachtet, war das Buch voller Respekt, aber nicht ohne Kritik.

Aber das nahm ihm niemand ab, und zum ersten Mal wurde die westliche Welt Schauplatz von Gewaltakten, die vom Mittleren Osten ausgingen. Nachdem die Viking-Büros bombardiert wurden, verschob der Verlag die geplante Taschenbuchausgabe, was Rushdie als Verrat ansah, jedoch erstaunlicherweise von so unterschiedlichen Schriftstellern wie John le Carré, Roald Dahl,

John Berger und Norman Podhoretz unterstützt wurde. Schließlich wurden Penguin-Taschenbücher, die es zuerst auf der Frankfurter Buchmesse 1988 gab, allmählich in der Schweiz vertrieben, aber bald darauf zurückgezogen. Diese Exemplare erzielen auf dem Markt der seltenen Bücher mit bis zu 200 Pfund mehr als die eigentlichen Erstausgaben, von denen es noch viele gibt und die mit 75 Pfund noch billig sind. Eine Taschenbuchausgabe erschien schließlich 1992 im »Consortium«, einem Zusammenschluß mehrerer ungenannter Verlage, die als nicht zu bombardierender Imprint auftraten und wie Rushdie keinen festen Wohnsitz hatten.

Rushdie wußte, daß er ein aufrührerisches Buch geschrieben hatte, und er stand dazu. Er bedauerte die Todesfälle und die Proteste, aber er bereute es nicht, das Buch geschrieben und veröffentlicht zu haben. Indes hatte er, freilich unwissentlich, die faustische Wette abgeschlossen. Berühmt für seinen Ehrgeiz bekam er alles, wovon er geträumt hatte: Mit einem Mal war er der meistdiskutierte, umstrittenste und bekannteste Autor der Welt. Der Schluß, daß ihm dieses Schicksal gefiel, ließ sich kaum vermeiden.

Ich sah ihn oft in den folgenden Jahren und kam nicht umhin, ihn sehr zu bewundern. In der Art und Weise, wie er mit sich selbst beschäftigt war, lag etwas Kindliches und Reines, und seine Ich-Bezogenheit hatte nichts Neurotisches: Er besaß ein Selbst, das es wert war, sich darin zu verlieren. Seine Zuversicht wurde durch seine Sorgen nicht gemindert, und es war immer bereichernd, ihm zuzuhören und mit ihm zu streiten: In zehn Jahren gebe es keine Monarchie mehr – Angela Carter sei eine

bedeutende Schriftstellerin – der Film sei ein Gegenstand
für die Universität wie die Literatur. Das seien, entgegnete ich, idiotische Ansichten. Er schnaubte zurück, daß
dies keine Meinungen, sondern Tatsachen seien.

In den kommenden Jahren zahlte er einen hohen Preis.
Seine Frau, die Schriftstellerin Marianne Wiggins, ver-
ließ ihn; seine Privatsphäre und seine Freiheit wurden
brutal eingeschränkt, und er mußte sich gegen eine Viel-
zahl von Angriffen – die meisten davon feindselig, un-
wissend und schlecht formuliert – selbst verteidigen.
1990 verkündete er, daß er sich dem Islam zugewandt
habe, was er aber später widerrief. Geniale Menschen haben oft ein schlechtes Urteilsvermögen. Die innere
Stimme ist nicht unbedingt die der Vernunft.

Für einen weltlichen Menschen der westlichen Welt
war es schwer vorstellbar, Rushdies Recht auf Veröffentlichung nicht zu verteidigen, obwohl viele derjenigen, die
ihn unterstützten, wünschten, daß *Die satanischen Verse*
ein besseres Buch gewesen wären. Als ich es mit Verspä-
tung zu lesen begann, empfing mich eine Eröffnungs-
szene, in der zwei Figuren nach einer Explosion in einem
Flugzeug zur Erde schweben, Lieder singen und sicher,
als Engel und Teufel, in London landen. Sie können sich
kaum etwas vorstellen, was mir weniger sympathisch
wäre. Ich hasse den magischen Realismus und sein Be-
mühen, die imaginative Freiheit des Märchens mit der
größeren Beschränkungen unterliegenden Domäne des
Romans zu verknüpfen.

Wie viele Leser habe ich *Die satanischen Verse* nie zu
Ende gebracht. Auf jeder Seite fand ich Bewundernswür-
diges: einen Gedankensplitter, einen fabelhaft verdichte-

ten Satz, einen eigenartigen Gesichtspunkt, der mich lächeln ließ. Es war voller Genialität, doch in der Prosa und der Szenenabfolge lag etwas unerbittlich Eintöniges, das mir nach hundert Seiten das Gefühl gab, genug zu haben. Ich war nicht wirklich enttäuscht, aber frühzeitig zufriedengestellt.

Kurze Zeit nachdem Rushdie den Buchvertrag mit Viking abgeschlossen hatte und etliche Monate vor dem Wahnsinn der Fatwa, beschloß sein Verleger Tony Lacey, daß es einträglich und amüsant sein könnte, eine signierte, limitierte Edition parallel zur Verkaufsausgabe herzustellen. Doch Lacey hatte nie zuvor eine solche Edition herausgebracht und keines von Rushdies Büchern war auf diese Weise erschienen, obwohl das heute ein normaler Vorgang ist.

»Wie«, fragte Lacey seinen Autor, »macht man so etwas?«

»Frag Rick«, erwiderte Salman, da wir gerade dabei waren, die Herausgabe der *Two Stories* zu erörtern, und die Überlegungen zu Verkaufsauflage und Preis der limitierten Edition noch präsent hatten. Es war ein Vergnügen gewesen, darüber zu verhandeln, und Rushdies Verhalten entkräftete seinen ungerechterweise erworbenen Ruf der Habgier (er hatte gerade den Verlag gewechselt und einen neuen großen Vertrag unterzeichnet). Ich hatte ihm gesagt, daß meine Sixth Chamber Press einfach das zahle, was ein Autor wolle. Er sah mich mit gutem Grund verwirrt an.

»Wieviel hat John Updike bekommen?« (Ich hatte gerade Updikes *Jenseits* veröffentlicht.)

»500 Dollar.«

Er dachte eine Weile nach: »Kann ich auch 500 Dollar bekommen?«

»Sicher«, sagte ich. Es machte Spaß, mit ihm zu arbeiten, und er wollte bei der Auswahl des Schriftbildes und des Einbands mitreden und die Illustrationen mit Bhupen Khakhar zusammenstellen. Er war über das Ergebnis mit dem schönen Einband von Romilly Saumerez Smith sehr erfreut, weil es das einzige seiner Bücher war, das er selbst gestaltet hatte.

Als ich ein paar Wochen später mit Gillon Aitken, Rushdies wunderbar grimmigem Agenten, zu Mittag aß, teilte ich ihm die Vertragskonditionen mit, die ich mit Salman ausgehandelt hatte. Niemals zuvor habe ich Gillon völlig verstummen sehen, aber er fing sich schnell wieder und erbat zusätzliche Belegexemplare für seinen Autor. Ich stimmte zu, und die Farbe kehrte in sein Gesicht zurück.

Als mich Tony Lacey anrief, um die Herstellung der Viking-Edition zu besprechen, schlug ich ihm vor, dem »Gesetz der Privatdruckausgaben« zu folgen.

»Was ist das?«

»›Man kann nicht zu wenig drucken, und man kann nicht zu viel verlangen.‹ Halte die Druckauflage niedrig, und mach sie ein bißchen teuer. Der Markt kann immer einige wenige signierte Exemplare eines wichtigen Buches von einem wichtigen Autor verkraften.«

»Wie wenig? Und wieviel?«

»Okay«, sagte ich, »sie werden häßlich sein – kein kommerzieller Verlag kann eine anständig aussehende signierte und limitierte Ausgabe herausbringen. Ihre wird wie die anderen aussehen: ein billiger Ledereinband um die normale Verkaufsausgabe herum. Folglich werden Sie keine hohen Preise verlangen können. Aber ich denke, Sie könnten bei 100 Exemplaren mit Lederrücken je 60 Pfund und bei 12 weiteren Exemplaren in Ganzleder je 150 Pfund veranschlagen und damit durchkommen.«

»Ausgezeichnet«, sagte er, an der Offenheit meiner Ansichten gänzlich uninteressiert, »das machen wir.«

»Wollen Sie wissen, was Sie meine Beratung in dieser Sache kostet?« fragte ich.

»Nein …«, sagte er ein wenig vorsichtig. Über ein Beratungshonorar war kein Wort gewechselt worden.

»Ich erhalte alle 12 Ganzlederexemplare zu Buchhandelskonditionen.«

Am anderen Ende der Leitung wurde es etwas still, und ich rechnete damit, daß er mich zum Teufel schicken würde.

»Wunderbar«, erwiderte er und klang ganz erleichtert dabei. Ich hatte vergessen, daß die Verleger neuer Bücher diese wirklich gern verkaufen, wohingegen der Durchschnittshändler seltener Bücher die besseren Exemplare seines Lagers nur widerwillig wiederhergibt und sich bei jedem vereinzelten Verkauf fragt, ob das Buch, weil es einen Käufer gefunden hatte, nicht zu billig gewesen war.

»Einen Moment noch«, fügte er nach kurzem Nachdenken hinzu. »Sollte Salman nicht die Nummer 1 erhalten?«

»Das wäre nur anständig«, sagte ich etwas widerwillig, da ich damit geliebäugelt hatte, dieses Buch selbst zu besitzen. (Doch Rushdie signierte das Exemplar mit der Nummer 2 so: »Für Rick, den Besitzer der Nummer 2, vom Besitzer der Nummer 1. Salman Rushdie«.)

Kaum jemand konnte, als das Buch 1988 erschien, vorhersehen, welche ganz außergewöhnliche Zukunft es haben würde, und die verhältnismäßig bescheidenen Preise der limitierten Ausgabe waren angesichts des damaligen Ansehens Rushdies ganz vernünftig, vielleicht ein klein wenig frech. Binnen weniger Monate jedoch wechselten die 100 Exemplare zu 250 Pfund den Besitzer, und die 10 Exemplare, die ich an ausgewählte Freunde und Kunden vermittelt hatte, erreichten mehr als 1000 Pfund pro Stück. Vier davon kaufte ich zurück, eines von Ted Hughes, der einem anständigen Gewinn nie widerstehen konnte.

Den Medienberichten zufolge tauchte Rushdie nach der Fatwa unter – ein Ausdruck, der heute eher auf einen Maulwurf oder Saddam Hussein zu passen scheint und der das Wanderleben an geheimen Orten, das ihm abverlangt wurde, nicht genau trifft. In Wirklichkeit blieb Rushdie, obwohl er sich rar machen mußte und unter ständigem Polizeischutz stand, in ziemlich gutem Kontakt mit seinen Freunden und führte, in veränderter Form, das fieberhafte soziale Leben fort, das ihn immer ausgezeichnet hatte. Ohne Frage war es für ihn kein Problem, zu meiner Präsentationsfeier anläßlich des Erscheinens der *Two Stories* zu kommen. In einer kleinen Ansprache, mit der ich ihn begrüßen wollte, spielte ich auf einen Zwischenfall an, der mir kurz zuvor widerfahren war und der, wie mir schien, den Druck verdeutlichte, unter dem Rushdie monatelang gestanden hatte. Nur wenige Tage nach Erscheinen der *Two Stories* hatte der *Independent* auf der ersten Seite einen Artikel über das Buch gebracht. Der Name des Verlages wurde zwar nicht genannt (so oder so, meine Sixth Chamber Press kennt eigentlich niemand), aber der Artikel ging so weit, nahezulegen, daß Rushdie keine Reue zeige und noch eine weitere gefährliche Geschichte veröffentliche und daß irgendein verdammter Idiot verrückt oder kühn genug sei, diese zu verlegen.

Meine Frau und meine Kinder waren wütend auf mich, weil ich die Veröffentlichung nicht zurückzog, aber ich sorgte mich nicht sehr – es schien unwahrscheinlich, daß die Jagd auf den ungläubigen Rushdie in meine Richtung umgelenkt würde. Drei Tage später fuhr ich auf der Finchley Road zurück nach Warwickshire, lauschte der Übertragung eines Kricketspiels im Radio und dachte in aller Ruhe über eine sehr interessante Woche nach. Plötzlich wurde die Übertragung unterbrochen und durch eine aggressive, deutsch sprechende Stimme ersetzt. Ich hielt abrupt an, und Hupen begannen zu plärren.

Ich weiß nicht viel darüber, wie Radiowellen übertragen und empfangen werden und wie Autos elektrisch verdrahtet sind, doch irgend etwas Rätselhaftes und Unheimliches ging da vor sich. Die Schlußfolgerung lag auf der Hand: Entweder hatte jemand eine Bombe in meinem Auto versteckt oder einen kleinen Nazi. Ich stieg aus, wodurch sich das Plärren der Hupen vervielfachte, machte die Motorhaube auf und starrte mit wachsender Angst auf den Motor.

Eine Bombe? Eine Bombe? Ich sah mich ängstlich um und fand nichts Beunruhigendes, bis mir klar wurde, daß ich nach einem dieser runden schwarzen Dinger mit einer Zündschnur suchte, über denen – wie bei *Tom und Jerry* – in weißen Buchstaben Bombe steht. Nichts dergleichen ... Ich besann mich auf Atemübungen aus dem

Geburtsvorbereitungskurs und begann ein wenig zu sabbern, dann überlegte ich noch einmal neu und wischte mir das Kinn ab. Eine Bombe war etwas Zylinderförmiges aus Metall mit austretenden Drähten, richtig? Ich schaute wieder auf den Motor, und plötzlich waren da Dutzende von verdächtigen Objekten. Vermutlich handelte es sich um Vergaser oder Zündkerzen, aber ich weiß auch nicht, wie die aussehen. Bomben, unzählige Bomben!

Es blieben mir nur zwei Dinge: das Auto zur Hauptverkehrszeit mitten auf der Finchley Road stehenzulassen, wie der Teufel davonzurennen und »Eine Bombe! Eine Bombe!« zu schreien. Oder mich wieder in den Wagen zu setzen und der Wahrheit ins Gesicht zu sehen. Nach fünfundzwanzig Jahren hatte ich mich der englischen Lebensart ziemlich angepaßt und entschied mich für die zweite Möglichkeit: lieber die sofortige brutale Zerstückelung riskieren als unangenehm auffallen. Immerhin wäre es ein rascher Tod, und meine Kinder würden eines Tages eine Art Märtyrer in mir sehen. Vielleicht sogar einen Helden.

Ich schloß die Motorhaube, stieg wieder ein und ließ den Motor an. Nach ein paar Augenblicken der glückseligen Lebensfortsetzung beschloß ich, volles Risiko zu gehen, und schaltete das Radio wieder ein.

»Wir bitten um Entschuldigung«, hörte ich die beruhigende Stimme Christopher Martin-Jenkins', »für die Unterbrechung der Kricket-Übertragung, die durch eine Störung in unserem Sender entstanden ist.«

Als ich die Geschichte erzählte, gab die kleine Runde, die in meiner Wohnung zusammengekommen war, ein gemeinsames kleines Glucksen von sich, das mir Mitgefühl zu signalisieren schien. Ich wandte mich Salman Rushdie zu und sagte: »Ich erwähne das hier, weil es mir eine leise Ahnung davon gab, wie groß der Druck für Sie sein muß und wie furchterregend.«

Er dachte gründlich darüber nach. »Keineswegs«, erwiderte er, »ich habe mich keinen einzigen Moment lang gefürchtet. Das Ganze zeigt nur, was Sie für ein Feigling sind.«

GEDICHTE (1919)

Wenn dieser feine, kleine Band kein bedrucktes Schild
trüge, könnte man es für ein Gemälde halten. Das ist
vermutlich so, weil es ein Gemälde ist und von keinem
geringeren Künstler als Roger Fry stammt, der das mar-
morierte Einbandpapier persönlich angefertigt hat. Es
handelt sich um ein überbordendes, abstraktes Design
mit herumwirbelnden Gelb-, Orange- und Brauntönen,
die alle miteinander vermengt sind und auf die ein helles
Grün tropfen durfte, wie in einem Gemälde von Jackson
Pollock. Es ist prächtig und hinreißend, mein zweitlieb-
stes Buch des 20. Jahrhunderts. Das gedruckte Schild
freilich weist den Gegenstand als das aus, was er ist. Ein
gebundenes Buch von wenigen Seiten mit dem Titel *Poems*, verfaßt von T. S. Eliot. Es wurde mit der Handpresse
gedruckt und 1919 von Virginia und Leonard Woolf in
der Hogarth Press veröffentlicht.

Das Buch ist so attraktiv, daß es 1999 in der Tate-Ga-
lerie-Ausstellung *Die Kunst von Bloomsbury* einen Ehrenplatz hatte. Deren Kurator, der Kunsthistoriker Richard
Shone, ist ein großer Bewunderer des Designs:

»Wenn man, was nicht erlaubt ist, mit dem Finger behutsam darüber streicht, spürt man, daß es eine Ober-
flächenstruktur hat, dort wo der Druck dicker oder
dünner ist. Ich glaube, es ist mit einer Bürste oder
einem Schwamm über das Papier gestrichen worden.

Ich finde es sehr schön; es ist meiner Meinung nach eines der hübschesten Bücher der frühen Hogarth-Ausgaben.«

Das erste Buch in der Woolf'schen Hogarth Press erschien 1917, doch wir müssen ein paar Jahre weiter zurückgehen, um zu verstehen, wie alles begann. In Virginia Woolfs Tagebuch gibt es dazu einen bezeichnenden Eintrag vom 25. Januar 1915, ihrem Geburtstag:

»Ich möchte aufzählen, was ich alles bekommen habe. L(eonard) hatte geschworen, er würde mir nichts schenken, und wie eine gute Ehefrau habe ich ihm geglaubt. Aber er kroch in mein Bett mit einem kleinen Päckchen, das eine schöne grüne Börse war. Und er brachte das Frühstück hoch, mit einer Zeitung, die einen Seesieg verkündete, und mit einem viereckigen braunen Paket, das den *Abbot* enthielt – eine wunderschöne Erstausgabe. Ich wurde in die Stadt gefahren, kostenlos, und ausgeführt, erst in ein Lichtspieltheater und dann zu Buszards. Als wir beim Tee saßen, beschlossen wir dreierlei: erstens Hogarth (House) zu mieten, wenn wir es kriegen können; zweitens eine Druckerpresse zu kaufen; drittens eine Bulldogge zu kaufen, die wir wahrscheinlich John nennen werden. Ich bin sehr aufgeregt bei dem Gedanken an alles drei – besonders wegen der Druckerpresse.«

Was für viele Vergnügungen! Der unglaublich aufmerksame Leonard Woolf versuchte – man erkennt es – einem der häufigen Nervenzusammenbrüche Virginias entgegenzuwirken. Sie hatte gerade *Die Fahrt hinaus*, ihren ersten Roman, veröffentlicht, und der Krieg war eine ständige Qual für sie. So wendete ihr Mann alle bewährten Heilmittel bei Depressionen an: umziehen, ein neues Hobby entdecken, mit den eigenen Händen arbeiten, einen Welpen kaufen. Das Haus, ein hübscher georgianischer Wohnsitz in Richmond, wurde ordnungsgemäß angemietet. Man verständigte sich über die Druckerpresse, obwohl sie erst zwei Jahre später Realität wurde. Ich weiß nicht, wie es mit dem Hund weiterging. Vermutlich ist es nicht einfach, eine Bulldogge zu kaufen, die John heißt.

Die Druckerpresse verzögerte sich aus Kostengründen: »Da die Presse 20 Pfund kostet und wir ziemlich knapp sind, fürchte ich, daß wir mit dem Kauf bis März warten müssen.« Und Mitte März hatte sie, Leonard zufolge, Glück:

> »Am 23. März 1917 gingen wir nachmittags die Farringdon Street von der Fleet Street zum Holborn-Viadukt hinauf, als wir an der Firma Excelsior-Druckereibedarf vorbeikamen. Es ist kein großer Laden, aber sie verkaufen alle Arten von Druckmaschinen und Zubehör von der Handpresse über Drucktypen bis hin zum Winkelhaken. Fast alle Druckgerätschaften sind vom Material her anziehend, und wir starrten durch das Schaufenster wie zwei hungrige Kinder auf die Brötchen und Kuchen in der Auslage eines Bäckers. Wir gingen hinein, erklärten einem sehr sympathischen Mann in einem braunen Overall, was wir wollten und wo das Problem lag. Er machte uns ungeheuer viel Mut.«

Dieser entgegenkommende Verkäufer versorgte die Woolfs mit einer Handpresse, Lettern, Rahmen, Kasten und einer Broschüre, die ihnen, wie er sagte, »unfehlbar« das Drucken beibrächte. Die Broschüre zeigte ihnen wirklich, wie man druckte, doch von »Unfehlbarkeit« konnte keine Rede sein. Nach ungefähr einem Jahr des Ausprobierens hatte Virginia schließlich den Dreh heraus:

> »Es gibt große Blöcke von Drucktypen, die man in ihre Einzellettern und Schriftsätze trennen und dann richtig aufteilen muß, was ewig dauert, besonders wenn man die ›h‹s mit den ›n‹s verwechselt, wie es mir gestern passierte. Wir sind so absorbiert davon und können nicht aufhören. Ich erkenne, daß richtiges Drukken ein ganzes Leben verschlingt.«

Die Arbeit des Setzens und Bindens von Büchern hatte eine therapeutische Funktion für Virginia, weil sie eine Auszeit vom Streß literarischer Komposition bedeutete. Eine halbprofessionelle Druckerin zu werden war nicht nur angenehm, sondern trug allmählich auch ein wenig Geld ein. Leonard war ein äußerst akribischer Geschäftsmann, der die Pennys abzählte und die ganze technische, praktische Seite ihres neuen Unternehmens mochte. Auch zu seinem Wesen gehörte eine Art Nervosität, die sich völlig beruhigte, wenn er die Bände aufstapelte, die er zusammengeheftet oder gedruckt hatte.

An den meisten Tagen setzte Virginia ruhig und wurde dabei immer schneller, akkurater und ästhetisch versierter: »Mittwoch, 10. April 1918. Ein sehr nasser dunkler

Tag. Haben gedruckt. Ich setzte eine Seite in einer Stunde und fünfzehn Minuten – mein Rekord.« An diesem Nachmittag bekamen die Woolfs Besuch von Harriet Weaver, der Besitzerin der Zeitschrift *The Egoist*. Sie wollte wissen, ob die Hogarth Press den Druck von James Joyces *Ulysses* übernehmen könnte. Eine Aufgabe, die, so Virginia, »kein anderer Drucker machen will, vermutlich wegen der Gefühle. Sie müssen sehr warm sein, wenn man den Erfolg bedenkt, den er mit seinem letzten Buch hatte«.

Harriet Weaver hatte das Manuskript bei sich, und für ein Jahr lang blieb es bei den Woolfs, da sie nach einem professionellen Drucker suchten, der den Auftrag übernehmen könnte. Sie selbst konnten es natürlich nicht machen, weil es bei Virginias Setzgeschwindigkeit hochgerechnet mehr als siebenundvierzig Jahre gebraucht hätte, um den Text komplett zu erstellen.

Schließlich wurde das Buch, wie wir wissen, 1922 in Paris veröffentlicht, von Sylvia Beach; in blauem Einband, der, so Joyces Wille, der Farbe der griechischen Nationalflagge entsprechen mußte. *Ulysses* ist ein majestätischer Gegenstand, sicher mein Lieblingsbuch des zwanzigsten Jahrhunderts. Und wenn die Hogarth Press in diesem Fall die Gelegenheit verpaßt hatte, einen Hohepriester der Moderne herauszubringen, so sollte sie bald einen anderen finden:

»Freitag, 15. November 1918. Irgendwo auf dieser Seite wurde ich durch die Ankunft von Mr. Eliot unterbrochen. Mr. Eliots Name bezeichnet ihn sehr genau – ein eleganter, kultivierter, umständlicher junger

Amerikaner, der so langsam spricht, daß jedem Wort eine besondere Finesse zuzukommen scheint. Aber unter der Oberfläche zeigt sich ziemlich deutlich, daß er sehr intellektuell ist, intolerant, mit entschiedenen eigenen Meinungen und einem dichterischen Credo. Er holte drei oder vier Gedichte hervor, die wir uns ansehen sollten – die Frucht zweier Jahre, da er den ganzen Tag in einer Bank arbeitet und in seiner vernünftigen Art und Weise regelmäßige Arbeit für etwas Gutes hält für Menschen mit nervöser Konstitution.«

Der nervöse T. S. Eliot und die depressive Virginia Woolf hatten sich genau zum richtigen Zeitpunkt getroffen. Sie benötigte neue Autoren und er einen neuen Verleger. Eliots *Prufrock und andere Wahrnehmungen*, inzwischen als eines der großen Bücher des Jahrhunderts anerkannt, war im vorangegangenen Jahr erschienen, aber nicht sehr günstig aufgenommen worden. Das Folgende ist typisch dafür:

»T. S. Eliot gehört zu diesen klugen jungen Männern, die es lustig finden, nüchterne Kritiker auf den Arm zu nehmen: ›Ich schreibe einfach das auf, was mir als erstes durch den Kopf geht, und nenne es *J. Alfred Prufrocks Liebesgesang.*‹ Wir wollen nicht bevormundend wirken, aber wir sind sicher, daß T. S. Eliot mit traditionellen Zeilen Besseres hervorbringen könnte. Er scheint zu den Fällen zu gehören, bei denen die Wirkung durch zu viel Klugheit verfehlt wird.«

Niemand mag einen Klugscheißer, besonders wenn er *so*

klug ist. Doch Virginia Woolf, die selbst leidlich intelligent war, zeigte sich verständnisvoll: »Eliot hat uns einige seiner Gedichte geschickt, die wir drucken werden, sobald *Kew Gardens* vollbracht ist.«

Die Gedichte, die Eliot anbot, waren unerbittlich modern: gelehrt, knackig, ironisch, zwischen umgangssprachlichem und hochakademischem Stil wechselnd *und* sowohl in Französisch als auch in Englisch. Man muß sich nur die Titel ansehen: *Sweeney unter den Nachtigallen, Das Hippopotamus, Promenaden-Mischung*. Die Anfangsverse von *Mr. Eliots Sonntagmorgen-Andacht* legen den Ton fest:

Polyphiloprogenitiv
Schwärmt das vor dem Fenster dort
Studierte Sudelköch des Herrn.
Vor allem Anfang war das Wort.

Vor allem Anfang war das Wort,
τόἐν durch Superfoetatione
Da die Period erfüllet war
Erschien Origenes, die Drohne.

Man weiß kaum, wonach die Hand zuerst greifen soll: zum Wörterbuch oder zum Aspirin. Sieben unverständliche Wörter in acht Zeilen? Selbst mein Rechtschreibprogramm kennt fünf von ihnen nicht. Das war anderes und mehr davon als das, was man zuvor als Dichtung betrachtet hatte. Man konnte sich nicht einfach daran erfreuen und es verstehen, man mußte zuerst Rätsel lösen. Wenn *Prufrock* Feindseligkeit hervorgerufen hatte, dann drohte diesmal wahrscheinlich Zorn.

Im nachhinein betrachtet, ist das Ergebnis eine vollkommene Vermählung von Form und Inhalt, ein modernes Gemälde, das eine radikale neue poetische Stimme birgt. Man könnte behaupten, daß *Poems* einer der Schlüsseltexte der aufkommenden englischen Moderne ist. Doch aus der Sicht der Hauptdarsteller herrschte nicht das Gefühl vor, daß man sich an einem kritischen Punkt der Literaturgeschichte befand: Es ging nur darum, ein Buch zu produzieren. Die Woolfs sorgten sich vor allem darum, die Einbandfarbe richtig zu treffen, und das erwies sich eher als eine Frage des Glücks denn des Urteilsvermögens.

Richard Shone zufolge war die Verwendung unterschiedlicher Farbpapiere nicht ganz willkürlich, hing aber in vielerlei Hinsicht vom Glück ab: »Sie kauften sie entweder in einem Laden, oder Robert Fry oder ein anderer ihrer Künstlerfreunde bemalte große Papierbögen, die sie für den Einband zurechtschnitten, falteten und mit dem Titelschild versahen.«

Die Woolfs konsultierten immer ihre Autoren, wenn es um die Gestaltung und den Einband der Bücher ging, und Eliot war mit ihren Vorschlägen zufrieden:

»Liebe Frau Woolf! Vielen Dank für die Übersendung der vielen Muster. Ich denke immer noch, daß derjenige, der ursprünglich ausgewählt wurde, der beste ist und auch den Leuten, die das Buch vielleicht kaufen, am besten gefiele. Der dunkelblaue ist auch gut, aber das dürfte ziemlich teuer sein, deshalb habe ich einen der anderen als Alternative ausgesucht, und es ist nur vernünftig, wenn ich Ihnen die Entscheidung zwischen diesen dreien lasse.«

Ich glaube, man sollte betonen, wie außergewöhnlich sich dieses kleine Buch 1919 bei einem größeren Buchhändler der Zeit ausgenommen hätte, wenn man es in ein Regal gestellt hätte mit all den zuletzt erschienenen Bänden, die zu einem sehr diskreten Grau oder Taubenblau tendierten und in einem ziemlich altmodischen Kursivdruck beschriftet waren.

Obwohl sie Vertrauen in ihren jungen Herrn Eliot hatte, beunruhigte sich Virginia wegen der bevorstehenden Aufnahme dieses Auge und Ohr in Beschlag nehmenden neuen Buches:

»12. Mai 1919. Wir befinden uns inmitten unserer Veröffentlichungssaison: (John Middleton) Murry, Eliot und ich selbst sind heute morgen in den Händen der Öffentlichkeit. Aus diesem Grunde, vielleicht, fühle ich mich ein wenig, doch deutlich deprimiert.«

Und tatsächlich mochten die meisten Kritiker das neue Buch nicht mehr, als sie *Prufrock* gemocht hatten. Arthur Clutton-Brock, der für das *Times Literary Supplement* schrieb, verabscheute es und gab T. S. Eliot einige Gedanken mit auf den Weg:

»T. S. Eliot mag es, ungewöhnliche Bildung zur Schau zu stellen. Er überrascht einen gern mit jedem Trick, der ihm einfällt. Doch Dichtung ist eine ernste Kunst, zu ernst für ein solches Spiel. Er läuft Gefahr, albern zu werden, und was will er dann machen? Er reagiert wahrscheinlich auf Dichtung wie die von Herrn Murry, aber man kann nicht von Reaktionen leben. Man muß sie vergessen und all die Irrtümer, die die Schriftsteller der Vergangenheit begangen haben. Man muß kühn genug sein, einige eigene positive Torheiten zu riskieren; andererseits verfällt man mehr und mehr in negative Torheiten und begräbt sein Talent in einer Windel und wird ein Künstler, der nie mehr tut, als müde zu kichern.«

Doch wenn Sie wirklich ein müdes Kichern hören wollen, dann beachten Sie die folgende positive Besprechung aus *The Athenaeum*:

»T. S. Eliot wird sicherlich wegen des Neuen und des Fremden, das er an sich hat, verdammt, doch diese beiden Eigenschaften, die für die meiste Kunst aufgrund ihrer Flüchtigkeit völlig unwichtig sind, beanspruchen bei ihm die Aufmerksamkeit des seriösesten Kritikers, denn sie sind Teil der Struktur seiner Dichtung. T. S. Eliot ist immer ganz bewußt um etwas bemüht, es ist etwas, das aus den Gedichten all der toten Dichter erwachsen ist und sich über sie hinausentwickelt hat. Der behutsame Kritiker, der gewarnt ist durch die beklagenswerten Schriften seiner Zunft, vermeidet es möglicherweise, die Frage ›Ist das Dichtung?‹ zu beantworten, und bittet statt dessen darum, etwas mehr als diese bisher gezeigten sieben Gedichte von T. S. Eliot zu sehen. Aber ehrlich gesagt, zeigen sieben Gedichte eine große Menge von jedem Dichter. In T. S. Eliot steckt Dichtung.«

Für sich genommen mag das nicht lustig klingen, doch es wird sehr amüsant, wenn man weiß, daß es von Leonard Woolf geschrieben ist. Er und Virginia hatten Gewissensbisse, weil es ihnen doch nicht völlig in Ordnung schien. So entschieden sie, daß sie Middleton Murrys Buch besprechen sollte und er Eliots, so als ob zwei Diebe beschlossen hätten, daß es moralisch besser wäre, wenn der eine das Familiensilber ausheben und der andere es aus dem Fenster tragen würde. Auf jeden Fall hatte Leonard Woolf recht. Es war an der Zeit, daß irgendwo zu lesen war, daß T. S. Eliot ein Dichter war.

Die Woolfs druckten 250 Exemplare der *Poems* und verkauften sie binnen eines Jahres. Sie kosteten 2 Shilling 6 Pence das Stück, was billig scheint, aber tatsächlich zu dieser Zeit dem halben Tageslohn eines Lehrers entsprach. Nach heutigem Maßstab würde ein Exemplar der *Poems* also 30 bis 40 Pfund kosten. Darüber wäre man glücklich, denn in Wirklichkeit würde eines heute mehr als vier oder fünf Monatsgehälter kosten.

Ich habe nie ein Exemplar des Buches mit einer zeitgenössischen Widmung von Eliot gesehen und mich oft gefragt, ob er den Woolfs eines gab und, wenn ja, wo dieses nun sein mag. Er war ein zurückhaltender junger Mann, der keine Aufmerksamkeit auf sich ziehen wollte. Doch er überreichte Virginia Woolf ein Exemplar seines nächsten Buches *Poems* (1920), das bei Alfred A. Knopf erschien und seine erste Gedichtsammlung war, die in Amerika herauskam. Wo dieses sich befindet, weiß ich, weil es zu meiner eigenen Sammlung gehört. Die Widmung ist bescheiden (»Virginia Woolf von T. S. Eliot«) und perfekt.

Fünf unsignierte Exemplare der *Poems* von 1919 sind in all den Jahren durch meine Hände gegangen, und das letzte brachte 10 000 Pfund ein. Ich erinnere mich an jedes einzelne genau ... eines in rot gemustertem Gewebe, eines in blauem und drei in leicht voneinander abweichendem marmorierten Papier. Wenn ich die Augen zumache, kann ich jedes vor mir sehen, und ich vermisse sie, als wären sie Kinder, die ich aufgezogen und dann in die Welt hinausgeschickt hätte.

Harry Potter und der Stein der Weisen

Ich habe mich immer gefragt, wie König Midas das hingekriegt hat. Sie wissen schon: daß alles, was er anfaßte, zu Gold wurde. Fabelhaft: Man wacht auf, und mit einem Fingerschnipsen tun sich sofort Reichtümer auf. Eine goldene Zahnbürste! Ein goldener Cornflakeslöffel! Natürlich muß man aufpassen, daß man nicht aus Versehen seine Kinder umarmt oder mit der Königin schläft. Es ist ein fesselnder Gedanke, lächerlich und gefährlich. Niemand hat je genau erklärt, wie er das machte. Meine Theorie ist, daß er einen Stein der Weisen umklammerte, der seit langem den Ruf genießt, solche Verwandlungen zu ermöglichen.

J. K. Rowling muß eine ganze Tasche voll davon haben. Denn in der Verlagswelt oder auf dem Markt seltener Bücher hat es nie etwas Vergleichbares gegeben. Bücher und Filme haben J. K. Rowling zu einer der reichsten Frauen Englands und aus ihrem Agenten einen Multimillionär gemacht, sie haben ihren Verlagen Bloomsbury und Scholastic ein Vermögen und Warner Brothers Pictures Unmengen von Geld eingebracht. Selbst der Covergestalter (das Buch erschien ohne Schutzumschlag) hat 86 000 Pfund für die Originalillustration eingestrichen.

Die Geschichte ist so oft erzählt worden, daß sie mittlerweile eine Art Mythos ist. Die gängige Version besagt, daß Joanne Rowling, eine verarmte alleinerziehende Mutter, die von Arbeitslosengeld lebt, von der eisigen Kälte aus ihrer unbeheizten Wohnung in ein nahes Café getrieben wird. Dort schreibt sie einfach drauflos, während ihre kleine Tochter neben ihr schläft. Das daraus resultierende Manuskript wird unter Beifallsstürmen veröffentlicht und führt zu sofortigem, unvorstellbarem Reichtum. Harry Potter gesellt sich zu Christopher Robin, Huckleberry Finn und Peter Pan im Pantheon der Kinder- und Jugendliteratur. Joanne Rowling zieht um in ein Anwesen, das so groß ist wie Hogwarts, und beginnt mit der Arbeit an den nächsten sechs Harry-Potter-Romanen.

Vieles von dem gerade Gesagten stimmt nicht ganz genau, wie wir sehen werden und wie die irritierte J. K. Rowling feststellte:

>Es stimmt, daß ich in Cafés schrieb, mit meiner schlafenden Tochter neben mir. Das klingt sehr romantisch, ist es aber nicht besonders, wenn man es durchmacht. Die Ausschmückung beginnt, wenn es heißt: ›Ja, ihre Wohnung war nicht geheizt.‹ Ich suchte keine Wärme. Ich suchte, offen gesagt, nur guten Kaffee und wollte den Schreibfluß nicht unterbrechen müssen, um aufzustehen und selbst neuen Kaffee zu machen.«

Nein, sie ist keine verarmte Schreiberin aus dem Proletariat, sondern eine nette Frau aus der Mittelschicht mit einem Abschluß (in Französisch) der Universität in Exeter, die nach Heirat und kurzem Aufenthalt in Portugal mit ihrer gerade geborenen Tochter nach Edinburgh zurückkehrte – schwer deprimiert und unsicher, was sie als nächstes tun sollte. Wie viele Absolventen der Geisteswissenschaften probierte sie es mit dem Schreiben. Sie mochte es und war gut darin; fast ihr ganzes Leben hatte sie damit zugebracht.

Im Alter von sechs Jahren schrieb sie ihre erste Geschichte über einen Hasen.

»Ich war der Inbegriff eines Bücherwurms: klein, untersetzt, mit einer dicken Krankenkassenbrille und in einer Welt voller Tagträume zu Hause. Ich schrieb unablässig Geschichten und tauchte nur gelegentlich aus dem Nebel auf, um meine arme Schwester zu tyrannisieren und sie zu zwingen, sich meine Geschichten anzuhören und die Spiele, die ich mir ausgedacht hatte, zu spielen.«

Es geschah viele Jahre später, daß Harry Potter ihr plötzlich in den Sinn kam, in einem dieser Tagträume, als sie im Zug saß und durch das Fenster Kühe anstarrte:

»Mit einem Mal stand die Idee für Harry vor meinem geistigen Auge. Ich kann nicht sagen, wodurch sie ausgelöst wurde. Doch ich sah die Idee für Harry und die Zauberschule sehr klar. Plötzlich hatte ich diesen Grundeinfall eines Jungen, der nicht weiß, wer er ist, und nicht weiß, daß er ein Zauberer ist, ehe er an die Zauberschule eingeladen wird. Niemals zuvor hat mich eine Idee so erregt.«

Sie hatte weder Papier noch etwas zum Schreiben dabei und brachte die Reise damit zu, über die Schule und die Menschen nachzudenken, denen ihr Held (der noch nicht Harry Potter hieß) dort begegnen würde. Als der

Zug ankam, hatte sie sich Ron Weasley, den Wildhüter Hagrid und die Geister Fast Kopfloser Nick und Peeves geschaffen.

Zwischen Idee und Ausführung sollte jedoch viel Zeit vergehen, da Rowling von Anfang an erkannte, daß Harry nicht der Held eines Buches, sondern einer Serie sein würde, die ihn durch die ganze Schulzeit begleiten sollte. Seit 1990 hat sie an allen sieben Büchern gleichzeitig gearbeitet. Anscheinend wurde das letzte Kapitel des letzten Buches recht früh geschrieben und dann in einer Schublade weggeschlossen, während sie sorgfältig auf ihren vorherbestimmten Höhepunkt zuschrieb.

Als sie 1995 das erste Buch abgeschlossen hatte, besaß sie keine klare Vorstellung davon, wie ihr eine Veröffentlichung gelingen sollte. Beim Blättern in den Gelben Seiten stieß sie auf den Agenten Christopher Little, dessen Name ihr gefiel, vielleicht, weil er sie an die liebenswürdige sprechende Maus Stuart Little erinnerte. Oder an Christopher Robin? Sie schickte das Manuskript ab und richtete sich (sie hatte selbst kurz im Verlagswesen gearbeitet) auf eine lange Zeit des Wartens ein.

Verlage und Agenten erhalten eine erstaunlich große Zahl an unverlangt eingesandten Manuskripten, die sich üblicherweise stapeln, bis ein Lektoratsneuling einen kurzen, skeptischen Blick darauf wirft. In Christopher Littles Büro war es eine gewisse Bryony Evens, die als erste *Harry Potter und der Stein der Weisen* von der unbekannten Joanne Rowling las. Die Agentur befaßte sich normalerweise nicht mit Kinderbüchern, doch Evens hatte eine Vorliebe für sie und las das Manuskript in einem Zug, weil sie es »so gut, so witzig, so großartig«

fand. Sie drängte Christopher Little, es sich sofort anzusehen, und er las es über Nacht. Er war ebenfalls völlig begeistert. Innerhalb weniger Monate, nachdem Rowling ein paar kleineren Änderungen zugestimmt hatte, zirkulierte das Manuskript unter den Londoner Verlagen.

Doch kaum jemand sonst hielt viel davon. Penguin, HarperCollins und Transworld lehnten ab. Es war von zwölf Verlagen abgesagt worden, als es bei Bloomsbury landete, die gerade ein Kinderbuchprogramm eingeführt hatten, geleitet von Barry Cunningham, der – bezeichnenderweise – zuvor in der Marketingabteilung gearbeitet hatte. Und er hatte keinen Zweifel an der Qualität des Buches: »Es war furchtbar aufregend. Was mir zuerst gefiel, war, daß das Buch mit einer ausgearbeiteten Phantasiewelt aufwartete. Da war dieses Gefühl, daß Joanne ihre Figuren genau kannte und wußte, was mit ihnen geschehen würde.« Innerhalb eines Monats machte Bloomsbury ein Angebot; Christopher Little empfahl die Annahme, und eine beglückte Joanne Rowling unterschrieb den Vertrag mit einem Vorschuß von 1500 Pfund. Das Buch erschien schließlich unter dem Namen J. K. Rowling, weil Christopher Little glaubte, daß Jungen – obwohl Mädchen Bücher von männlichen Autoren lesen – keine Bücher lesen, die von Frauen geschrieben sind.

Während des Mittagessens zur Feier des Erscheinens, das in einem dieser von Verlegern gern besuchten Soho-Treffs stattfand, gab Barry Cunningham J. K. Rowling einen ultimativen, unendlich weisen Rat: »Mit Kinderbüchern, Jo, werden Sie nie Geld verdienen.«

Mittlerweile geht man davon aus, daß J. K. Rowling

zum Zeitpunkt des Erscheinens des siebten Potter-Bandes und des Starts des siebten Potter-Films – die Harry-Potter-Computerspiele und den vielen Schnickschnack eingerechnet – eine Milliarde Pfund verdient haben wird. Das geschah nicht auf einen Schlag – das tut es nie –, doch es baute sich unaufhaltsam auf. Bloomsbury druckte eine bescheidene Erstauflage von 500 Exemplaren, doch die amerikanischen Rechte gingen für 100 000 Dollar an Scholastic, und Rowling fand sich in den Schlagzeilen wieder. Das Buch erhielt fast überall freundliche Besprechungen. Tantiemen summieren sich für gewöhnlich langsam, und bis der zweite Band der Serie, *Harry Potter und die Kammer des Schreckens*, erschien, hatte J. K. Rowling nur Schecks in Höhe von 2800 Pfund erhalten. Zwei Jahre später jedoch nahmen vier Harry Potters die Plätze 1 bis 4 der *New York Times*-Bestsellerliste ein, und die Tantiemen beliefen sich auf über 20 Millionen Pfund. Kein Buch in der Buchhandelsgeschichte hat sich so gut und so schnell verkauft. Alle Welt schien Harry Potter zu lieben: nicht nur das Publikum von acht bis dreizehn, für das er gedacht war, sondern Millionen von Erwachsenen, die sich dabei ertappten, wie sie die Bücher ihren Kindern vorlasen, und sie genauso mochten, wie ihre Kinder es taten. Und schließlich eine enorme Zahl von Erwachsenen, die die Bände aus reiner Freude lasen.

Einige dieser Erwachsenen waren, so scheint es, Buchsammler. Sie wollten Erstausgaben der Serie, und vor allem wollten sie *Harry Potter und der Stein der Weisen*. Ein Jahr nach Erscheinen wechselten Exemplare für 500 Pfund den Besitzer. Reiner Wahnsinn, denken Sie vielleicht. Das tat ich auch – und lag falsch, weil der Markt dieses eine Mal von den Sammlern und nicht vom Handel angetrieben wurde. Es gab schlichtweg nicht genug Potter-Erstausgaben, und die Preise stiegen steil an. Neulich erzielte ein Exemplar bei einer Auktion 13 000 Pfund, und in einem Katalog habe ich welche für 25 000 Pfund angezeigt gesehen. Um Himmels willen: Für diesen Preis bekommt man eine ziemlich gute *Sammlung* von W. B. Yeats, Joseph Conrad oder D. H. Lawrence.

Ich machte das recht eindringlich dem *Independent*-Kolumnisten John Walsh klar, als er mit den Fahnen des Buches zu mir kam, die er verkaufen wollte.

»Bitte«, flehte ich ihn an, »gehen Sie weg. Ich will das nicht. Bringen Sie mich nicht dazu, es zu kaufen.«

»Sagen Sie schon«, sagte er fest, »wieviel bringt das?«

»Ein paar Tausend«, sagte ich, »doch woanders kriegen Sie mehr.«

Er pflichtete mir bei. Einige Tage später erschien natürlich ein langer Artikel, der seine Reise durch den Buchhandel beschrieb und die Angebote, die er für die Fahnen bekommen hatte. Am Ende kam er beträchtlich besser weg als mit meinem erbärmlichen Angebot und war noch so gnädig, mich als »überschwenglich, mit welligem Haar« zu beschreiben. Die nächsten Tage verbrachte ich damit, mir das Haar mal so und mal so zurechtzulegen und mich höchst emotional zu gebärden. Und ich habe immer noch keine Geschäfte auf dem Harry-Potter-Markt gemacht.

Trotz meiner Mißachtung hatte der kleine Zauberer auf dem Markt der seltenen Bücher die gleiche beispiellose, sagenhafte Wirkung, wie er sie im normalen Buchhandel und im Filmgeschäft erzielte. Und immer noch bin ich mir über eines nicht im klaren: Warum? Was hat es mit diesem bescheidenen kleinen Kerl mit seiner vernarbten Stirn auf sich, der das Publikum von Kettering bis Katmandu in seinen Bann zieht? Ich habe die Bücher mit Vergnügen und Bewunderung gelesen, doch es ist schwer zu verstehen, warum sie so allumfassend angehimmelt werden. Sie sind erklärtermaßen eine raffinierte Mischung vertrauter Quellen – Roald Dahl und C. S. Lewis – und spannen bewußt traditionelle Zauberer- mit Internatsgeschichten zusammen. Dennoch ist das Ganze irgendwie mehr als die Summe seiner Teile geworden. Die Bücher scheinen von einem Zauber berührt zu sein. Gold, Gold … Alles ist zu Gold geworden.

Ich frage mich, ob Joanne Rowling, wie König Midas vor ihr, Bedauern empfindet, ob sie das Leben in arbeitsamer Anonymität vermißt, das sie in Edinburgh hinter sich gelassen hat. Die ersten Worte ihrer Tochter waren »Harry Potter«, was traurig klingt, und ihr Vater hat die Widmungsexemplare, die sie ihm schenkte, verkauft, was Joanne Rowling zornig gemacht haben soll. Es gibt Anzeichen dafür, daß die Freuden unendlicher PR-Auftritte und Marketingmätzchen ihren Reiz verlieren. Angesichts eines ganzen Tages an Gleis 9³/₄, das extra am Bahnhof King's Cross eingerichtet worden war, befand eine mürrische J. K. Rowling, daß das doch ziemlich verrückt sei, und sah so aus, als ob sie durch das magische Portal verschwinden wollte. Und natürlich kam es zu der Gegenentwicklung, die Erfolg in England nach sich zieht: von denen, die über George Best spotten, über Hugh Grant die Nase rümpfen und Martin Amis den

Zahn ziehen. Nichts mögen die Engländer lieber, als einer berühmten Person ein oder zwei Dämpfer zu versetzen – bis diese in den Ruhestand geht und dann natürlich liebevoll betrachtet wird. Denken Sie an Ian Botham oder Eduard Heath.

Angriffe auf J. K. Rowling sind normal geworden und müssen sie dennoch verstören. Sie hat nie geprotzt, öffentliche Auftritte vermieden und einfach ihre Arbeit, Abermillionen von Kindern eine Freude zu machen, fortgeführt. Das reicht nicht, sagt der Kritiker und Biograph Anthony Holden, der 2000 in der Jury des Whitbread-Preises saß und Rowlings Werk haßt. »Ich kämpfte mich durch eine ermüdende, schlecht geschriebene Version von Billy Bunter auf dem Besenstiel.« Und der im Internet spielerisch diskutierte Gedanke, ihr den Nobelpreis für Literatur zu geben, amüsierte ihn nicht im geringsten: »J. K. Rowling und der Literaturnobelpreis, das erscheint mir so sinnvoll wie der Friedensnobelpreis für Henry Kissinger.«

Gut, das war ein bißchen gemein, aber es erschien geradezu großmütig, verglichen mit der heftigen Attacke, die A. S. Byatt, eine Spötterin von höchsten Graden, in der *New York Times* gegen Rowling ritt. Die Bücher würden, argumentierte sie, am meisten von jenen Kindern und Erwachsenen bewundert, deren Phantasie auf Zeichentrickfilme und auf die übertriebene, eher aufregende denn bedrohliche Spielwelt der Seifenopern, des Reality-TV und des Prominentenklatsches beschränkt sei. Jeder, der diese Serie ernst nehme, sei ein Halbliterat aus dem urbanen Dschungel.

Die Harry-Potter-Bände sind unglaublich populär, was

Holden und Byatt einräumen und bedauern. Doch das bedeutet nicht zwangsläufig, daß sie gut sind. Sind die Bücher, fragen sie eindringlich, *Literatur* im ehrwürdigen Sinne des Begriffs? Ich will hier nicht darüber streiten, was Literatur ist, da eine anschauliche Definition ausreicht: *Der kleine Hobbit* ist Literatur, *Fünf Freunde* nicht. Enid Blyton ist Teil unseres kulturellen, nicht unseres literarischen Erbes.

Und wo soll man J. K. Rowling einordnen? (Und spielt das eine Rolle?) Ich glaube nicht, daß solche Entscheidungen reine Geschmackssache sind. Wenn Sie Enid Blyton lieber als Tolkien mögen, ist das für mich in Ordnung. Wenn Sie glauben, sie sei eine bessere Schriftstellerin als Tolkien, sind Sie entweder ein argloses Kind oder ein Trottel.

Man lernt, solche Unterscheidungen zu treffen, indem man viel liest und die Dinge nebeneinander stellt. Ich habe zum Beispiel meine Ansichten über die Harry-Potter-Bände geändert, nachdem ich Philip Pullmans unvergleichlich brillante Trilogie (*Der goldene Kompaß*, *Das magische Messer*, *Das Bernstein-Teleskop*) gelesen habe. Die Pullman-Serie stellt, wie die J. K. Rowlings, in ihren Mittelpunkt die Frage nach dem Schicksal des Universums. Der Kampf zwischen Gut und Böse soll in beiden Büchern durch die Stärke und den Glauben von Kindern entschieden werden. Aber wenn man die beiden Autoren nebeneinander stellt, besteht kein Zweifel, daß Pullman besser ist, tiefer, reicher und anspruchsvoller. Seine Trilogie ist ein Klassiker unserer Literatur, und die Harry-Potter-Serie ist, wie ich vermute, keiner.

Das beschäftigt mich nicht sehr, ebensowenig wie es

mich beschäftigt, daß Beethoven besser ist als die Beatles oder Keats besser als Bob Dylan. Es gibt da draußen eine Menge Spaß, und er ist auf viele Arten zu haben. Ich denke, daß die Feindseligkeit gegenüber J. K. Rowling mit schlichten Zahlen zu tun hat und mit dem Neid, den ihre erstaunliche Karriere hervorruft. Sie ist heute die reichste Schriftstellerin der Geschichte und verdiente allein im letzten Jahr 125 Millionen Pfund. Ihre Bücher sind in 61 Sprachen übersetzt und verkauften sich weltweit 230 Millionen Mal. All das in nur sieben Jahren. Selbst J. K. Rowling räumt ein, daß »verblüffend« dafür ein zu schwacher Ausdruck ist. »Magisch« träfe es wohl besser, wie König Midas bezeugen würde.

Danksagung

Dieses Buch ging aus einer Rundfunkserie für BBC Radio 4 hervor, die sich *Seltene Bücher, seltene Menschen* nannte, und ich bin meinen Produzenten Lisa Osbourne und Ivan Howlett für ihre Geduld und ihre Hinweise und Peter Hoare von Pier Productions für seine Ermutigung dankbar.

Als ich das Material neu schrieb und erweiterte, wurde ich von Carol O'Brien im Verlag Constable & Robinson liebevoll lektoriert und erfuhr von Elinor Hodgson sehr hilfreiche Unterstützung bei der Recherche. Peter Grogan, Peter Straus und Paul Rassam waren so freundlich, mir zu helfen, Fehler in der Sache und im Urteil sowie sprachliche Ungeschicklichkeiten zu vermeiden. Clive Hirschhorn, Natalie Galustian, Pom Harrington und Geordie Williamson, die mir dabei behilflich waren, die Fotos der Bücher zusammenzutragen, möchte ich gleichfalls danken.

Meine Frau Belinda Kitchin hat all das ermöglicht. Ich bin ihr nicht einfach nur dankbar, sondern viel mehr – wofür die Danksagung eines Buches nicht der richtige Ort ist.

Als ich über diesem Buch saß, starb mein Freund und Agent Giles Gordon bei einem tragischen Unfall. Er war ein wunderbarer Agent und ein großartiger Mensch, dynamisch, engagiert, unersetzlich. Diejenigen von uns, die ihn kannten, fühlten sich durch seine Gegenwart größer, und sein Fehlen macht unser Leben ärmer.

Zitatnachweis

S. 23: Vladimir Nabokov: *Lolita. Gesammelte Werke*, Band 8. Aus dem Amerikanischen von Helen Hessel u. a., bearbeitet von Dieter E. Zimmer. Rowohlt Verlag, Reinbek bei Hamburg 1959, 1989, S. 12

S. 60 f.: Oscar Wilde: *Das Bildnis des Dorian Gray.* Aus dem Englischen übersetzt und mit einem Nachwort und Anmerkungen versehen von Siegfried Schmitz. Deutscher Taschenbuch Verlag, München 2004 (21. Aufl.), S. 15; Abdruck mit freundlicher Genehmigung der Artemis & Winkler Verlags-AG, Düsseldorf und Zürich.

S. 66: Jack Kerouac: *Unterwegs.* Aus dem Amerikanischen von Thomas Lindquist. Rowohlt Verlag, Reinbek bei Hamburg 1959, 1986, S. 11, S. 33 und S. 47

S. 95: D. H. Lawrence: *Söhne und Liebhaber.* Aus dem Englischen von Georg Goyert. Aufbau Verlag, Berlin und Weimar 1966, S. 378

S. 114: T. E. Lawrence: *Die sieben Säulen der Weisheit.* Aus dem Englischen von Dagobert von Mikusch. List Verlag, München 1978, S. 19

S. 127: Sylvia Plath: *Papi.* In: Sylvia Plath, *Ariel.* Aus dem Amerikanischen von Erich Fried. Suhrkamp Verlag, Frankfurt am Main 1993, S. 109 und S. 111

S. 145: Evelyn Waugh: *Wiedersehen mit Brideshead*. Aus dem Englischen von Franz Fein. Claassen Verlag, Hamburg 1955, S. 245

S. 151 f.: Ernest Hemingway: *Oben in Michigan*. In: Ernest Hemingway, *Die Stories. Gesammelte Erzählungen*. Aus dem Amerikanischen von Annemarie Horschitz-Horst. Rowohlt Verlag, Reinbek bei Hamburg 1966, 1977, S. 76

S. 174 ff.: Virginia Woolf: *Tagebücher I. Gesammelte Werke*. Aus dem Englischen von Maria Bosse-Sporleder. S. Fischer Verlag, Frankfurt 1990, S. 73 f., S. 226, S. 345 f., S. 421

S. 179: T. S. Eliot: *Mr. Eliots Sonntagmorgen-Andacht*. Aus dem Amerikanischen von Hedda Soellner. In: T. S. Eliot, *Gesammelte Gedichte*. Herausgegeben und mit einem Nachwort versehen von Eva Hesse. Suhrkamp Verlag, Frankfurt am Main 1988, S. 75

V. S. Naipaul
Ein halbes Leben

Roman. www.list-taschenbuch.de
ISBN 978-3-548-60357-5

Naipaul erzählt von dem immer nur »halb gelebten Leben« des Schriftstellers Willie Chandran. Ein Leben am Schnittpunkt dreier Welten: der brahmanischen Tradition des indischen Subkontinents, der Boheme-Szene im London der späten fünfziger Jahre und der Zeit des scheiternden Kolonialismus in Afrika.

»Naipaul ist ein Meister der englischen Prosa, und die Prosa von *Ein halbes Leben* ist so sauber und kalt wie ein Messer.« *J. M. Coetzee* in *Die Zeit*

»Der beste lebende Schriftsteller englischer Sprache« *Observer*

List Taschenbuch

Antonio R. Damasio
Descartes' Irrtum

Fühlen, Denken und das menschliche Gehirn
www.list-taschenbuch.de
ISBN 978-3-548-60443-5

Eine der Grundannahmen des westlichen Denkens
ist die Trennung von Verstand und Gefühl. Antonio
R. Damasio beweist hingegen anhand seiner bahn-
brechenden Forschungsergebnisse, dass ohne Gefühle
kein vernünftiges Handeln möglich ist und dass Geist
und Körper, Rationalität und Emotionen eine weit
engere Einheit bilden, als die Philosophie uns weis-
machen möchte.

Der Weltbestseller des berühmtesten Hirnforschers
unserer Zeit.

»Descartes hatte Unrecht. Damasios Schlussfolgerungen
bieten eine atemberaubende Versöhnung von Körper
und Geist.« *Hessischer Rundfunk*

List Taschenbuch

L134

Nuala O'Faolain
Ein alter Traum von Liebe

Roman. www.list-taschenbuch.de
ISBN 978-3-548-60426-8

»Schon immer habe ich an die Leidenschaft geglaubt
wie andere Menschen an Gott.« Kathleen de Burca ist
bereit, bis an die Grenzen zu gehen. Die Grenzen der
Liebe, die sie seit Jahren vermisst. Und sie stößt nicht
nur auf die Geschichte einer Amour fou und eines der
größten Scheidungsskandale Irlands, sondern auch auf
einen Mann, der ihre Gefühle herausfordert. Vielleicht
zum letzten Mal.

»Selten ist die Liebe so eindringlich beschrieben
worden.« *Frank McCourt*

»Mich hat das Buch tief beeindruckt. Ein schöner,
dicker Liebesroman.« *Elke Heidenreich*

List Taschenbuch

L152